高等职业教育土木建筑类专业新形态教材

互联网+BIM创业实务

▎主编 甘文益 袁 静

北京理工大学出版社
BEIJING INSTITUTE OF TECHNOLOGY PRESS

内 容 提 要

本书分为八章，主要包括绪论、互联网+BIM技术创新创业工作室的前期筹办工作、互联网技术创新创业工作室业务开展、组建公司流程概述、员工招聘和培训流程与考核、客户探索与客户培养、合同签约技巧、案例分析等内容。本书每章均按创业实际技巧知识、思考题、实训项目编写。

本书可作为高职高专院校相关专业的教学用书，也可供相关工程技术人员阅读参考。

版权专有　侵权必究

图书在版编目（CIP）数据

互联网+BIM创业实务／甘文益，袁静主编.—北京：北京理工大学出版社，2018.3
（2025.1重印）
ISBN 978-7-5682-5406-9

Ⅰ.①互… Ⅱ.①甘…②袁… Ⅲ.①互联网络—应用—创业 Ⅳ.①F241.4-39

中国版本图书馆CIP数据核字（2018）第049846号

责任编辑：李玉昌		文案编辑：李玉昌	
责任校对：周瑞红		责任印制：边心超	

出版发行／北京理工大学出版社有限责任公司
社　　址／北京市丰台区四合庄路6号
邮　　编／100070
电　　话／（010）68914026（教材售后服务热线）
　　　　　（010）63726648（课件资源服务热线）
网　　址／http://www.bitpress.com.cn
版 印 次／2025年1月第1版第5次印刷
印　　刷／天津旭非印刷有限公司
开　　本／787 mm×1092 mm　1/16
印　　张／12
字　　数／262千字
定　　价／45.00元

图书出现印装质量问题，请拨打售后服务热线，负责调换

编写委员会

主　　编　甘文益　袁　静

副 主 编　李秋虹　敖　俊　杨　军　王　萃　邓　科　宋铭明
　　　　　　严先辉　谭　炜（排名不分先后）

参　　编　唐　辉　蒲升东　蒲云川　李茂尧　陈　才　彭　博
　　　　　　张　勇　曾　娟　罗忠燕　唐　欢（排名不分先后）

主　　审　苏登信

资料整理　李　欢　杜红梅

前言 Preface

随着互联网的蓬勃发展，各行各业依托网络平台进行创新创业行动，在建筑领域里，随着 BIM 技术的成熟，迎来了建筑行业里互联网 +BIM 创新创业行动。人类生存理念的提升，使得未来的建设领域，必然是一个高度信息化和智能化的过程。BIM 技术，是基于建设工程建筑项目全生命周期信息化、智能化的方法与过程，即建设信息化。

大众创业，万众创新。在深化高校创新创业教育改革的同时，积极倡导大学生自主创业，将创新创业教育融入人才培养的全过程中去，将会点亮大学生的创业激情和创新的智慧火花。年轻的大学生们富有想象力，有创业的理想和干劲，将互联网与 BIM 技术结合起来开展 BIM 技术服务的潜力巨大。

本书结构合理，内容丰富，知识新颖，案例具体，结合当代大学生的特点，特别注重大学生的素质培养和创业能力的提升。本书在编写过程中，力争做到具体、系统、细致、实用，使其具有可读性、操作性、实用性。本书编写以培养符合现代创新创业素质的人才为目标，具有的特色主要包括：实用性强，重点突出创业知识的"实用和够用"，注重技能实训，以达到学以致用的目的；结构新颖，特色突出，文中配有较多图片，体现了教材图文并茂的特色，易于启迪学生思维。本书可供高等职业院校相关专业的学生学习使用。

本书由南充职业技术学院甘文益、袁静担任主编。本书编写过程中，得到了南充职业技术学院高炳易教授、华西集团四川省第十五建筑有限公司敖俊高级工程师的大力指导与支持，在此表示诚挚的谢意！

本书在编写过程中参阅了有关书籍、文章及论述，由于篇幅有限，在此向这些作者们表示衷心感谢！

由于时间紧、任务重、资料少，加之编者水平有限，书中难免有不妥之处，恳请同仁们批评指正！

编 者

目录 Contents

第一章 绪论 ·· 001
 第一节 分析目前市场对建筑行业的需求 ·········· 002
 第二节 BIM 技术的应用对建筑市场的冲击 ········ 006

第二章 互联网+BIM 技术创新创业工作室的前期筹办工作 ······ 013
 第一节 工作室如何选址 ································ 014
 第二节 工作室如何选择装修风格 ···················· 020
 第三节 工作室广告的营销策划 ······················· 033

第三章 互联网+BIM 技术创新创业工作室业务开展 ·········· 039
 第一节 "互联网+"概述 ······························· 040
 第二节 工作室开展 BIM 咨询业务 ·················· 046
 第三节 工作室开展 BIM 建模业务 ·················· 051
 第四节 工作室开展 BIM 培训业务 ·················· 055

第四章 组建公司流程概述 ·································· 059
 第一节 树立以目标为中心的企业文化 ··············· 060
 第二节 组建职能部门 ···································· 069
 第三节 提高各职能部门的反应速度 ················· 085

第五章 员工招聘、培训流程与考核 ····················· 091
 第一节 科学招聘员工 ···································· 092
 第二节 组织员工培训 ···································· 098
 第三节 建立员工绩效 ···································· 106
 第四节 建立按劳取酬的薪资制度 ···················· 113

第六章　客户探索与客户培养 ……………………………………… 125
第一节　客户探索的理念与流程 ……………………………… 126
第二节　客户的培养 …………………………………………… 132

第七章　合同签约技巧 …………………………………………… 147
第一节　把握签约的最佳时机 ………………………………… 148
第二节　合同条款与结构 ……………………………………… 149
第三节　合同风险防范 ………………………………………… 151

第八章　案例分析 ………………………………………………… 161
第一节　如何开展案例分析 …………………………………… 162
第二节　案例分析教学 ………………………………………… 166
第三节　具体案例分析 ………………………………………… 171

附录　互联网+BIM 创业实务学习指南 ………………………… 183

参考文献 …………………………………………………………… 186

第一章

绪论

第一节 分析目前市场对建筑行业的需求

近年来,由于城市的扩张、基础设施项目的增加、新规定的出台和绿色建筑项目的发展,建筑行业的需求呈现历史新高,建筑公司面临着有史以来最大的考验。目前,建筑行业的发展前景以及市场对建筑行业的需求分析如下。

一、目前我国建筑行业的发展状况及前景

在过去的几十年里,我国国民经济保持了平稳、快速的发展,固定资产投资规模不断扩大,这为建筑业的发展提供了良好的市场环境。具体表现在以下六个方面。

1. 工程建设成就辉煌

我国建筑业完成了一系列设计理念超前、结构造型复杂、科技含量高、使用要求高、施工难度大、令世界瞩目的重大工程;完成了上百亿平方米的住宅建筑,为改善城乡居民居住条件做出了突出贡献。

2. 产业规模不断扩大

2016 年,伴随着中央去库存推进,我国楼市成交进入高峰期,全国范围内楼市成交呈现量价齐升状态,部分热点城市楼市房价高歌猛进,楼市需求扩张幅度与房价上涨幅度呈现空前盛况。楼市成交情况的好转带动 2016 年房地产开发投资逆势上行,房地产开发投资累计同比增速由 2015 年年底的 1.00% 大幅上升至 2016 年 5 月的 7.00%,之后整体震荡回调,收于 2016 年 12 月的 6.90%。

房地产销售呈现量价齐升行情,如图 1.1 所示。

图 1.1 房地产销售量价齐升行情

3. 新开工面积趋于平稳

从细分指标来看，房屋新开工面积、施工面积与竣工面积的同比增速走势与房地产开发投资同比增速走势大致相同，在2016年年初大幅走高之后趋于回落，最后在2016年11月分别为8.10%、3.20%和8.10%，相较2015年年末上升22.10、1.90、22.10个百分点。2016年年初房屋新开工面积、施工面积与竣工面积增速大幅回升或是2015年年初房地产投资较少产生的基数效应所致，而后续的回调显示房地产去库存的主要基调没有明显改变，但2016年前半段中央鼓励需求端去库存的政策利好以及房地产销售量价齐升的行情刺激了房地产企业开工积极性，使得全年建设总量仍有所上升。2016年房地产开发融入资金同比大幅上升，主要原因是年初刺激政策利好释放、地产开发商积极性高涨以及资金使用成本较低，使得房地产开发企业的融资渠道明显拓宽。

4. 国际市场开拓取得新进展

建筑企业积极开拓国际市场，对外承包工程营业额大幅增长：早在2011年建筑企业对外承包工程完成营业额就首破千亿大关，达到1 034亿美元。

5. 技术进步和创新成效明显

许多大型工程勘察设计企业和建筑施工企业加大科技投入，建立企业技术开发中心和管理体系，重视工程技术标准规范的研究，突出核心技术攻关、设计、建造能力显著提高。超高层大跨度房屋建筑、大型工业设施设计建造与安装、大跨径长距离桥梁建造、高速铁路、大体积混凝土坝、钢结构施工、特高压输电等领域技术达到国际领先或先进水平。

6. 监管机制逐步健全

政府部门出台了建筑市场监管、工程质量安全管理、标准定额管理等一系列规章制度和政策文件，监管机制逐步健全，监管力度逐步加大，工程质量安全形势持续好转。基建方面，2016年基建投资增速维持高位。2016年12月基础设施建设投资累计同比增加。从全年走势来看，年初或是为对冲房地产投资下降，基建投资出现明显扩张，之后随着楼市走高与房地产投资回暖，新建及在建基建项目总规模开始收缩，投资也趋于回落。

虽然建筑业正处在健康有序的发展阶段，但是也面临着一些主要问题，主要表现在以下几个方面：

（1）行业可持续发展能力不足。
（2）市场主体行为不够规范。
（3）建筑人才匮乏。
（4）政府监管有待加强等。

二、市场对建筑行业的需求

1. 全球化和地域化

建筑是任何国家和民族都必须进行的物质生产和艺术创作活动。由于全球信息网的建立和使用，加之世界交通的高速与便捷，以及世界经济科技的一体化，往日庞大的地球变成今日的"地球村"，各国的建筑文化、科技、艺术相互交流、合作、渗透、融合、影响、趋同，故而建筑业全球化的趋势是不可避免的。这种全球化趋势一方面使我们了解和学到发达国家先进的新技术、新材料、新工艺，从而提高了建筑设计、施工和管理水平；另一方面也对我们民族传统文化和本土建筑有极大冲击，使一些地方的建筑失去民族和地域特色。但由于建筑具有历史性、连续性、民族性和地域性特征，全球化的浪潮是不可能使它们完全消失的。特别是我国本土建筑——有许多具有高科技和艺术价值的地方，既不可能被全球化浪潮淹没，我们自己也不能随便抛弃。建筑既有全球化趋势，又有地域化或本土化趋势，二者同时存在。不能正确对待和处理这两种发展趋势，我们就容易迷失方向。无论传统的建筑，还是外国的建筑，都不能毫无选择地加以套用。我们应主张洋为中用，古为今用，在分析、选择、吸收、消化的基础上进行创新，创造出既有民族形式、地方特色，又有世界先进水平、时代特征的新建筑。

2. 大型化和多元化

当今社会人地矛盾加剧，土地资源稀缺，加之社会生产、生活对大型建筑的需求增大，故而随着建筑科技的进步，人们开始建造出一幢幢体量庞大、结构复杂、功能多样、设备齐全的建筑。这些建筑往往能容纳几万到十几万人。因此，从这个意义上来说，建筑就是一个小城市，而城市则是一个大建筑。这是建筑发展的一个重要趋势。在建筑体量大型化的同时，建筑形式、风格和艺术倾向也日益多元化，这是改革开放以来，实行公有制为主体、多种所有制经济共同发展在建筑文化上的反映；也是国外建筑理论、风格、流派在我国广泛传播的表现；同时，也是建筑师们解放思想、百花齐放、勇于创新的结果。现在我国大、中城市出现了不少建筑形式多样、风格各异、艺术倾向不同的公共建筑，这对改变我国城市千篇一律、千城一面的不良形象具有重大的作用。随着经济、科技的发展，建筑艺术风格多元化趋势必然会更加明显。在建筑设计领域，建筑师们努力从生物形体中寻找原型和灵感，从而创造出许多优秀的、千姿百态的"生物"，这种"仿生建筑"具有极强的生命力。

3. 工业化和自动化

当前我国建筑业总的技术状况是处于工业化过程中。根据我国建筑业的现状，它的发展需要先后完成以下几个任务：

（1）用机器生产代替手工作业，逐步提高机械化水平。

（2）发展装配式建筑。

（3）把信息技术引入施工过程，实现施工组织信息化、工作流程科学化、技术管理规范化。

（4）发展自动化技术在建筑中的应用，加快建筑机器人研究使用步伐，让机器人去完成施工中的脏活、重活、危险工作。

4. 生态化和节能化

随着传统工农业的发展、人口的增加、资源的消耗、城市的扩展，人类赖以生存的环境日渐恶化，生态失衡，城市污水、垃圾、噪声污染也日益严重，"可持续发展""生态城市""生态建筑"或"绿色建筑"已成为我国建筑未来发展的主要趋势。对"绿色建筑"的要求越来越明确、越来越严格。但我国资源利用效率及能源利用效率低下，和国际上发达国家仍有一定的差距。我国需大力推进"绿色建筑"的发展。

5. 智能化和信息化

计算机技术、通信技术、微电子技术、多媒体技术、交互式网络技术、自动化技术、新材料等的不断发展已向建筑领域迅速渗透和扩散。早在1981年美国康涅狄格州就出现了世界上第一座智能化办公大楼，随后，美国、日本、欧洲等国相继掀起了建造智能化建筑的热潮。同时，智能化大厦群、智能街区、智能化城市的规划和建设也陆续出现。而我国的智能化建筑的建设始于1990年，到目前已蓬勃发展，成为建筑的基本特征。信息化建设的兴起也犹如雨后春笋，蓬勃发展起来。

作为综合管理的重要手段，大量信息的传递和交汇，确保了管理的及时性和准确性，使项目管理迈上一个新的台阶。信息化建设进程是衡量企业发展成熟与否的重要标志。

建筑产业关联性高，就业容量大，是国民经济的重要生产部门。建筑业是国民经济的支柱产业，在全面建设小康社会中肩负重要的历史使命。

建筑业要以科学发展观为指导，推进产业结构优化升级，走新型工业化的道路。在设计中应积极采用节能、环保的新材料、新设备、新技术及新工艺，确保新建工程和技术改造后的企业都能实现低投入、低消耗、低排放和高效率，实现经济增长方式的转变。建筑业要为国民经济各行各业产业结构优先升级服务，在建设资源节约型、环境友好型社会中做出应有的贡献。

第二节　BIM 技术的应用对建筑市场的冲击

建筑业信息化是建筑业发展的一项必然趋势，建筑信息模型（Building Information Modeling，BIM）作为其中的核心技术支撑，正引领着建筑行业信息技术变革的风潮席卷全球。随着建筑技术、信息技术的发展以及人们对可持续建筑的不断深入研究，国内外已普遍开始接受 BIM 技术。"十一五"国家科技支撑计划重点项目已把 BIM 技术列为建筑业信息化的核心关键技术。《2011—2015 年建筑业信息化发展纲要》的总体目标明确提出"十二五"期间，加快建筑信息模型（BIM）、基于网络的协同工作等新技术在工程中的应用。目前，BIM 已深入到建设工程的各参与方和各个阶段。

一、BIM 的定义

BIM 是 Building Information Modeling 的缩写，即建筑信息模型，是以建筑工程项目的各类相关信息数据作为模型的基础，进行建筑模型的建立，通过数字信息仿真模拟建筑物所具有的真实信息。BIM 技术的引入实现了从二维设计到三维全寿命周期的变革，把项目主要参与方在设计阶段就结合在一起，着眼于全寿命周期，利用 BIM 技术进行设计、造价、建造和运营管理。BIM 技术具有可视化、协调性、模拟性、优化性和可出图性五大特点。

二、BIM 技术的基本应用

BIM 技术的核心是通过计算机建立虚拟的建筑工程三维模型，同时，利用数字化技术为这个模型提供完整的、与实际情况一致的建筑工程信息库。该信息库不仅包含描述建筑物构件的几何信息、专业属性及状态信息，还包含了非构件对象的信息。借助这个富含建筑工程信息的三维模型，建筑工程的信息集成化程度大大提高，从而为建筑工程项目的相关利益方提供了一个工程信息交换和共享的平台。BIM 的主要应用如下。

1. BIM 模型维护

根据项目建设进度建立和维护 BIM 模型，实质是使用 BIM 平台汇总各项目团队所有的建筑工程信息，消除项目中的信息孤岛，并且将得到的信息结合三维模型进行整理和储存，以备项目全过程中各相关利益方随时共享。

2. 场地分析

场地分析研究影响建筑物定位的主要因素，是确定建筑物的空间方位和外观、建立建筑物与周围景观联系的过程。在规划阶段，场地的地貌、植被、气候条件都是影响设计决策的重要因素，往往需要通过场地分析来对景观规划、环境现状、施工配套及建成后交通流量等各种影响因素进行评价及分析。传统的场地分析存在诸如定量分析不足、主观因素过重、无法处理大量数据信息等弊端。通过 BIM 结合地理信息系统可对场地及拟建的建筑物空间数据进行建模，利用 BIM 及 GIS 软件的强大功能，迅速得出令人信服的分析结果，帮助项目在规划阶段评估场地的使用条件和特点，从而做出新建项目最理想的场地规划、交通流线组织关系、建筑布局等关键决策。

3. 建筑策划

通过对空间的分析来理解复杂空间的标准和法规，从而节省时间，提供对团队更多增值活动的可能。特别是在客户讨论需求、选择以及分析最佳方案时，能借助 BIM 及相关分析数据，做出关键性的决定。BIM 在建筑策划阶段的应用成果还会帮助建筑师在建筑设计阶段随时查看初步设计是否符合业主的要求，是否满足建筑策划阶段得到的设计依据，通过 BIM 连贯的信息传递或追溯，大大减少以后详图设计阶段发现不合格需要修改设计的巨大浪费。

4. 方案论证

在方案论证阶段，项目投资方可以使用 BIM 来评估设计方案的布局、视野、照明、安全、人体工程学、声学、纹理、色彩及规范的遵守情况。BIM 甚至可以做到建筑局部的细节推敲，迅速分析设计和施工中可能需要应对的问题。方案论证阶段还可以借助 BIM 提供方便的、低成本的不同解决方案供项目投资方进行选择，通过数据对比和模拟分析，找出不同解决方案的优缺点，帮助项目投资方进行优选。

5. 可视化设计

3d Max、SketchUp 这些三维可视化设计软件的出现有力地弥补了业主及最终用户因缺乏对传统建筑图纸的理解能力而造成的和设计师之间的交流鸿沟，但由于这些软件设计理念和功能上的局限，使得这样的三维可视化展现无论用于前期方案推敲还是用于阶段性的效果图展现，与真正的设计方案之间都存在相当大的差距，应用 BIM 技术可以有效地进行弥补。

6. 协同设计

协同设计是一种新兴的建筑设计方式，它可以使分布在不同地理位置的不同专业的设计人员通过网络的协同展开设计工作。BIM 技术为协同设计提供底层支持，大幅提升协同设计的技术含量。借助 BIM 的技术优势，协同的范畴也从单纯的设计阶段扩展到建筑全生命周期，需要规划、设计、施工、运营等各方的集体参与，因此具备了更广泛的意义，从而带来综合效益的大幅提升。

7. 性能化分析

利用 BIM 技术，建筑师在设计过程中创建的虚拟建筑模型已经包含了大量的设计信息，只要将模型导入相关的性能化分析软件，就可以得到相应的分析结果，原本需要专业人士花费大量时间输入大量专业数据的过程，如今可以自动完成，这大大降低了性能化分析的周期，提高了设计质量，同时，也使设计公司能够为业主提供更专业的技术和服务。

8. 工程量统计

BIM 是一个富含工程信息的数据库，可以真实地提供造价管理需要的工程量信息，借助这些信息，计算机可以快速对各种构件进行统计分析，大大减少了烦琐的人工操作和潜在错误，非常容易实现工程量信息与设计方案的完全一致。通过 BIM 获得准确的工程量统计可以用于前期设计过程中的成本估算、在业主预算范围内不同设计方案的探索或者不同设计方案建造成本的比较，以及施工开始前的工程量预算和施工完成后的工程量决算。

9. 管线综合

随着建筑物规模和使用功能、复杂程度的增加，无论设计企业还是施工企业甚至是业主对机电管线综合的要求都越加强烈。利用 BIM 技术，通过搭建各专业的 BIM 模型，设计师能够在虚拟的三维环境下方便地发现设计中的碰撞冲突，从而大大提高管线综合的设计能力和工作效率。这不仅能及时排除项目施工环节中可能遇到的碰撞冲突，显著减少由此产生的变更，更大大提高了施工现场的生产效率。

10. 施工进度模拟

通过将 BIM 与施工进度计划相链接，将空间信息与时间信息整合在一个可视的 4D（3D+Time）模型中，可以直观、精确地反映整个建筑的施工过程。4D 施工模拟技术可以在项目建造过程中合理制订施工计划、精确掌握施工进度、优化使用施工资源以及科学地进行场地布置，对整个工程的施工进度、资源和质量进行统一管理和控制，以缩短工期、降低成本、提高质量。另外，借助 4D 模型，施工企业在工程项目投标中将获得竞标优势，BIM 可以协助评标专家从 4D 模型中很快了解投标单位对投标项目主要施工的控制方法、施工安排是否均衡、总体计划是否基本合理等，从而对投标单位的施工经验和实力做出更准确的评估。

11. 施工组织模拟

通过 BIM 可以对项目的重点或难点部分进行可建性模拟，按月、日、时进行施工安装方案的分析优化。例如，对于一些重要的施工环节或采用新施工工艺的关键部位、施工现场平面布置等施工指导措施，借助BIM进行模拟和分析，可以提高计划的可行性。同时，项目管理方能够非常直观地了解整个施工安装环节的时间节点和安装工序，并清晰把握在安装过程中的难点和要点，施工方也可以进一步对原有安装方案进行优化和改善，以提高施工效率和施工方案的安全性。

12. 数字化建造

制造行业目前的生产效率极高，其中部分原因是利用数字化数据模型实现了制造方法的自动化。同样，BIM技术结合数字化制造也能够提高建筑行业的生产效率。通过BIM技术与数字化建造系统的结合，建筑行业也可以采用类似的方法来实现建筑施工流程的自动化。建筑中的许多构件可以异地加工，然后运到建筑施工现场，装配到建筑中。通过数字化建造，可以自动完成建筑物构件的预制，这些通过工厂精密机械技术制造出来的构件不仅降低了建造误差，并且大幅度提高了构件制造的生产率。

13. 物料跟踪

随着建筑行业标准化、工厂化、数字化水平的提升，以及建筑使用设备复杂性的提高，越来越多的建筑及设备构件通过工厂加工并运送到施工现场进行高效的组装。而这些建筑构件及设备是否能够及时运到现场、是否满足设计要求、质量是否合格将成为整个建筑施工建造过程中影响施工计划关键路径的重要环节。

14. 施工现场配合

BIM技术不仅集成了建筑物的完整信息，同时，还提供了一个三维的交流环境。与传统模式下项目各方人员在现场从图纸堆中找到有效信息后再进行交流相比，效率大大提高。BIM逐渐成为一个便于施工现场各方交流的沟通平台，可以让项目各方人员方便地协调项目方案，及时排除风险隐患，减少由此产生的变更，从而缩短施工时间，降低由于设计协调造成的成本增加，提高施工现场生产效率。

15. 竣工模型交付

BIM技术能将建筑物空间信息和设备参数信息有机地整合起来，为业主获取完整的建筑物全面信息提供途径。通过BIM技术与施工过程记录信息的关联，甚至能够实现包括隐蔽工程资料在内的竣工信息集成，不仅为后续的物业管理带来便利，而且可以在未来对建筑进行翻新、改建、扩建的过程中为项目提供有效的历史信息。

16. 维护计划

在建筑物使用寿命期间，建筑物结构设施和设备设施都需要不断得到维护。一个成功的维护方案将提高建筑物性能、降低能耗和修理费用，进而降低总体维护成本。BIM建筑模型结合运营维护管理系统可以充分发挥空间定位和数据记录的优势，合理制订维护计划，分配专人专项维护工作，以降低建筑物在使用过程中出现突发状况的概率。重要设备还可以跟踪维护工作的历史记录，以便对设备的适用状态提前做出判断。

17. 资产管理

BIM 技术模型中包含的大量建筑信息能够顺利导入资产管理系统，大大减少了系统初始化在数据准备方面的时间及人力投入。另外，由于传统的资产管理系统本身无法准确定位资产位置，通过 BIM 结合 RFID 的资产标签芯片还可以使资产在建筑物中的定位及相关参数信息一目了然，快速查询。

18. 空间管理

空间管理是业主为节省空间成本、有效利用空间、为最终用户提供良好工作生活环境而对建筑空间所做的管理。BIM 不仅可以用于有效管理建筑设施及资产等资源，也可以帮助管理团队记录空间的使用情况，处理最终用户要求空间变更的请求，分析现有空间的使用情况，合理分配建筑物空间，确保空间资源的最大利用率。

19. 建筑系统分析

建筑系统分析是对照业主使用需求及设计规定来衡量建筑物性能的过程，包括机械系统如何操作和建筑物能耗分析、内外部气流模拟、照明分析、人流分析等涉及建筑物性能的评估。BIM 结合专业的建筑物系统分析软件避免了重复建立模型和采集系统参数。通过 BIM 可以验证建筑物是否按照特定的设计规定和可持续标准建造，通过这些分析模拟最终确定修改系统参数甚至系统改造计划，以提高整个建筑的性能。

20. 教育教学

BIM 技术的仿真模型便于直观教授建筑构造专业知识，方便理解建筑物构件关系、建筑工艺和施工过程。

三、BIM 技术的应用对建筑市场的影响

随着 BIM 技术在我国的快速普及，其对建筑业的影响是深远的。BIM 技术给建筑业带来的重大影响主要包括以下内容。

1. 建筑业进入大数据时代

建筑业的本质决定了其是最大的大数据行业。但到目前为止，建筑企业数据中心的企业服务器里，数据寥寥。很重要的原因是建筑产品是单产品生产，且每个产品数据量很大，不是以往技术手段所能展现的。BIM 技术具备了这样的能力。

2. 建筑业透明化

BIM 带来了行业的透明化，相关管理人员和管理部门有了强大的信息对称能力，项

目管理、企业管理和行业管理的难题将迎刃而解。这也是建筑行业高速增长时期，BIM 技术推广最重要的阻力之一。

3. 可视化建造技术

建筑建造技术从 2D 进步到 3D，人类持续了数千年才得以实现，这个 1D 的进步，是前所未有的革命性进步，再加上时间维度则为 4D 建造技术，其带来的管理和技术体验变化是非常巨大的。

4. 精细化

设计方案、建造方案可以更优化，这使得变更返工大幅减少，减少了重复事项和明显错误，使设计过程更加精细和精准。

5. 互联网化

建筑业是典型的远程管理，一个建筑公司的项目可以遍布全球。建筑工程信息化项目管理对建筑企业非常重要，今后只需将一个虚拟的建筑项目放在网络云端，所有的管理决策者对该远程项目便都可以了如指掌。

6. 建筑工业化

建筑工业化是低碳建造的法宝，是建筑业可持续发展的必经之路。要实现建筑业的产业化，必须要有强大的技术支撑，这样可以大大加快工业化的步伐。实现工业化和信息化的融合，将工业化的优势更充分地发挥出来，BIM 技术将起到关键性的作用。

7. 催生新商业模式

BIM 技术的出现，使原有的一些产业机制大大得到改进。旧的生产关系被瓦解，将催生一批新的商业模式，建筑业的规模经济可以得到充分发挥。

8. 加快产业整合，改变产业生态

当前中国建筑业市场集中度较低，BIM 技术对建筑业规模经济起到强大的支撑作用，将促进行业整合速度的加快，市场集中度加快提升，弱小企业的淘汰将加速，有利于整个行业生态的良性进化。

9. 智慧建造成为现实

智慧建造意味着良好的品质和可持续发展能力，与社会、大自然更加和谐。BIM 技术、互联网技术和先进的行业理念，将助力建筑行业实现真正的智慧建造，建成智慧建筑。

10. 智慧城市建设

实现智慧城市，需要先实现城市的数字化，将一个数字化城市建起来。BIM 技术将每栋建筑的数字模型（数据库）建立起来，累加形成一个城市级的建筑数据库，就可以实现很多城市级的应用。BIM 数据库，将成为智慧城市的关键数据库。

📖 思考题

1. 试分析我国建筑行业的发展趋势。
2. 简述 BIM 技术的优点。
3. 简述 BIM 技术对建筑行业带来的影响。

第 二 章

互联网+BIM技术
创新创业工作室的
前期筹办工作

> 互联网+BIM技术创新创业工作室的前期筹办工作

第一节 工作室如何选址

工作室选址，是关乎工作室未来发展的一件大事，对于那些买下整栋写字楼的工作室来说更是如此，买下就意味着办公空间已经成为公司的固定资产，选址的同时也意味着开始了一次新的投资。其实，无论是租赁还是买断，对于工作室来说，选址都是一项最具挑战性的决策。

办公地点是一个公司的重要条件，如同盖房子需要有土地一样。办公楼不仅是员工的工作空间，也影响着公司的对外形象，因此，工作室在选择的时候会按照自己的需求以及要求对符合条件的工作室作全方位综合的评估，包括地段、交通、成本以及工作室本身的配套、物业等方面的软硬指标。

一、工作室选址的影响因素

可能在所有类型的工作室中我们无法做到面面俱到，不同类型的工作室或许有其行业的特殊需求，然而任何事物都会有一个共性。例如，著名工作室选择工作室一般都是这样一个循序渐进的一个流程：对大区域经济具有辐射力的中心城市→对整个城市具有影响力的街区→与工作室经营产业相关的大街→一个城市中具有知名度的地标建筑→具有地标作用的高水准办公地点。我们所做的，就是希望找出工作室在选择过程中的共性，即工作室最受关注的多个因素。

1. 黄金区位

房地产开发有三大要素，第一是地段，第二是地段，第三还是地段。这条定律对于工作室，几乎没有反例，其无疑也是工作室关注的第一要素。

工作室选址应首选人才、技术、信息和资金密集的区域。城市的商务中心区，由于聚集了最先进齐全的市政设施、商务设施、娱乐设施、文化教育设施及居住设施而始终成为工作室青睐的首选区域。

工作室集中的区域同样具有区位优势，能够吸引更多的人才、资本、信息等创新要素向该区域流动，在价值链分工中，占据"高端"地位，获取更高的利润回报，不但能够补偿其较高的费用成本，而且能够提升本区域的产业水平，扩大本地区经济总量，提高区域经济竞争能力。

选择黄金区位虽然意味着高物业成本，但由于黄金区位聚集了最先进齐全的市政设施、商务设施、娱乐设施、文化教育设施及居住设施，所以对于很多工作室而言，从综合商务成本来说还是降低的。

2. 交通顺畅

黄金区位当然重要，但并不意味着区位就是唯一。很多时候黄金区位与交通堵塞相互衍生，正是由于区位黄金，所以引来了更多的工作室、更多的人流、更多的车辆，还有随之而来的更多的堵车和更多的堵心。

在将时间和成本等同的今天，交通是否顺畅已经成了工作室最关心的因素之一。交通甚至会改变城市人口的经济行为、居住选择、空间概念。

交通在完善城市空间布局方面发挥着重要作用，地铁、轻轨向郊区拓展并延伸，在时空范围内缩小了城市的体积，同时，在经济上又放大了城市的功能。再现代化的工作室如果周边没有顺畅的交通条件，那么它也会失去市场竞争最有力的武器。

3. 配套设施齐全

配套设施完善的工作室，不仅代表着形象，同时，也是人气的聚集、商务元素的流动，它更是满足办公需求必不可少的一种建筑形态。建筑综合体已经成为商务中心区最精华的浓缩版，各种活跃的经济元素更是追随而至。

配套设施完善的建筑综合体一般都具有超大规模，这里所说的超大规模，不仅是指建筑体积本身比较大，更是强调其规模的伸展力及拓展性。一方面，不仅是工作室建筑本身的规模要大，而且必须要有强大的综合配套，经营成一个集办公、公寓、商住、星级酒店、会展中心、休闲娱乐及购物中心于一体的大空间；另一方面，还要视其交通条件而论，四通八达的交通一定是其工作室规模的重要支撑。

4. 硬件设施完善

对工作室而言，硬件设施就像是汽车的发动机，百公里耗油量就相当于工作室入住后所支出的日常入住成本，好的发动机在提供强劲动力的同时能更加省油，先进、智能的工作室硬件配套设施在带给工作室舒适的办公环境的同时，还能给工作室带来最大限度的成本节约。

就像星级酒店在硬件配套上追求奢华极致一样，工作室追求的硬件，更多的是科技与创新。工作室市场目前流行5A工作室。那么，什么是5A智能化呢？一般是指OA（办公智能化）、BA（楼宇自动化）、CA（通信传输智能化）、FA（消防智能化）、SA（安保智能化）。除此之外，还包括其所用的建筑技术、标准层高、标准承重、弱电系统等。不同工作室对于硬件设施的要求其实大同小异，目前很多工作室也标榜自己是5A级工作室，工作室在考察楼宇硬件品质时主要需要考虑硬件设施在后期使用和维护上的成本。

5. 软件服务到位

工作室的运作想要取得成功，除良好的硬件作基础外，还需要好的软件作支撑。对客户进行人性化的服务及物业管理，有助于提升工作室品质，增强市场竞争力。相对酒店的五星级服务标准，工作室服务有了明显的变化，一方面体现在高效的物业管理上；另一方面体现在对入住工作室的专业化商务服务上。

无论工作室是租或买，选择好物业管理至关重要，因为物业管理公司直接决定工作室的用水、用电、安保、垃圾清运、空调供应、车位管理等方方面面的问题。如果购买，特别是整购，固定资产就需要自己维护，购买办公物业，是工作室的固定资产投资，需要精打细算。租赁物业相对来说较为简单，比较市场租赁价格、物业管理费、空调加时费等即可。工作室在选择办公地点时，物业也是他们关注的一大要素。好的物业管理不仅意味着办公舒适，也同时意味着办公环境的安全。

6. 健康的办公环境

如何营造一个健康的办公环境成为人们关心的议题。建筑体系的防护性、建筑材料的环保性、建筑布局的合理性、技术条件的先进性和空间相对隔离，是当前工作室开发中应率先解决的问题。另外，如果工作室周围工厂林立，被废气环绕，即使它处于黄金地段，也无人问津。工作室周围最好有大片的绿化和景观，使得景观轻松入眼，有利于消解工作疲劳。

原来的工作室选择办公地点大多热衷于摩天大厦、玻璃幕墙、开阔的大堂和5A级的豪华写字间。而现在，随着社会的发展，人们选择办公空间的标准，除考虑地域的资源优势和升值前景外，还会更多地关注办公地点的生态环境。

人性化、绿色环保、高智能化已成为"新健康办公主义"的三大要素。由于新型工作室以智力型办公为主，员工用脑时间长，办公时间相对较为灵活，需要更多的休闲空间及人与人交流的环境。因此，办公空间突破了传统的"办公室+公共走廊"的空间模式，提倡开放式办公环境，使空间组合自由化，办公空间趋于模糊化；另外，在办公区内设有更多的公共休闲空间及楼宇内立体绿化，且不仅只注重外部的环境景观，在内部的办公空间中也广泛引入绿色景观，巧妙地将自然空气引入办公楼内，可形成健康环保的办公空间。

工作室的外部环境是否生态，内部布局是否合理，整体是否符合健康主义，现在已经成了工作室关注的一大焦点问题，是否实现办公中的绿色和生态，其实涉及工作室在办公中的运营成本和健康安全问题。

7. 价格优势

价格是开发商所有努力的终点，而价格也是工作室选址注重的焦点。买卖双方即使在此前谈得再好，如果在价格这一关上谈不拢也是无用的，价格是买卖双方矛盾的焦点，到最后价格又是买卖双方矛盾与统一的结合点。

根据最新研究报告显示，短租现象是我国办公楼市场的一大特色。我国办公楼租约平均年限为2.5年，远低于房地产市场成熟的国家和地区的办公楼租约年限：在一些欧美经济发达国家，如美国、英国、澳大利亚等，办公楼租约年限一般都在5年以上。

其实长期稳定的租期无论对工作室物业发展商还是租户来说都是有利的，工作室可以利用长期租约在价格上与发展商谈判，有时这种谈判不一定表现为租价的直接降低，但在免租期和装修期的租赁上有比较大的迂回空间；而一座楼如果能拥有长期的租户，入住工作室则可放心"比邻而居"。

8. 建筑文化

建筑文化无时无刻不存在着,它时刻影响着入住的工作室和工作的员工,甚至能影响到小范围周边的区域经济,其中最典型的例子莫过于国贸中心。正是由于有了国贸中心,然后有了周边的商业聚集,才有了今天的CBD。国贸中心就已经具有了建筑文化,它所代表的就是中国的CBD文化,正是国贸具有了这种文化内涵,所以对工作室来说,国贸中心比一般意义上的工作室更具有吸引力。吸引他们的并不再仅仅是一座现代化的工作室,有时候工作室选择国贸的原因仅仅因为它是"国贸中心",这就是一座具有建筑文化的工作室的魅力。

一座没有建筑文化只注重硬件设施的建筑,就像一个衣着光鲜而没有内涵的人,人们不愿意同这样的人交朋友,同样工作室也不愿意在这样的建筑里安家落户。

建筑文化在建筑的每一个细节传递:景观、设施、管理……而这些细节恰好折射了建造者和管理者团队的水平。

二、工作室选址的原则

工作室选址的总原则,归纳起来有以下六项:
(1)有利于输入:能源、资源供应方便。
(2)有利于输出:靠近目标顾客群,销售与服务方便。
(3)效益:政策、税收、地价。
(4)有利于集聚人才:宜设置在专业人才集中的高校科研院所集中区域。
(5)有利于生态:环境能吸收。
(6)有利于长远发展:能够可持续发展。

三、工作室选址的程序

(1)确定选址的总目标,如产品效益最大。
(2)收集新建厂的有关资料(规模、能力、服务流程等)。
(3)收集目标地区的资料(运输、资源、基础设施、气候等)。
(4)评价各目标地区,选择工作室所在区域。
(5)综合分析确定具体工作室地址。

四、工作室选址的方法

1. 分级加权法

分级加权法的方法与步骤如下:

(1) 对各影响因素给予权重（权数，可计 100 分或 10 分）。
(2) 对各候选厂址，按每一个因素的优劣程度进行打分。
(3) 把各候选厂址的分数与权数相乘。
(4) 把每个厂址各个因素的乘积加起来计算总评分，得分最高者最优。

例如，我们创建一个 BIM 工作室，现有 3 个位置可供选择，分别为北京、河北、山东。影响选址的主要因素包括运输、资源、顾客和环保。采用分级加权法，各候选地址的评价见表 2.1。

表 2.1　各候选地址的评价

影响因素	权数	候选地址		
		北京	河北	山东
运输	6	6×7=42	6×8=48	6×10=60
资源	5	5×6=30	5×10=50	5×8=40
顾客	4	4×10=40	4×8=32	4×8=32
环保	3	3×6=18	3×8=24	3×9=27
总评分	—	130	154	159

显然山东的总评分最高，所以确定选择在山东创建 BIM 工作室。

2. 负荷距离法

负荷距离法的目标是在若干个候选方案中，选定一个目标方案，使总负荷（货物、人或其他）移动的距离最小。当与市场的接近程度等因素至关重要时，使用这一方法可以从众多候选方案中快速筛选出最有吸引力的方案。

总负荷的计算公式为

$$l_d = \sum l_i d_i$$

式中　l_i——目的地距新选位置的距离；
　　　d_i——移动负荷的大小。

总负荷数值最小的方案为最优。

3. 量—本—利分析法

量—本—利分析法步骤如下：
(1) 确定每一备选地点的固定成本和可变成本。
(2) 在同一张图表上绘出各地点的总成本线。

（3）确定在某一预定的产量水平上，哪一地点的总成本最少或者哪一地点的利润最高。

例如，表 2.2 列出了四个可能厂址地点的固定成本和可变成本。

表 2.2　厂址的固定成本和可变成本

地址	每年的固定成本/美元	可变成本/美元·单位$^{-1}$
A	250 000	11
B	100 000	30
C	150 000	20
D	200 000	35

（1）在一张图上绘出各地点的总成本线，如图 2.1 所示。
（2）指出使每个备选地点产出最优的区间（即总成本最低）。
（3）如果要选择的地点预期每年产量为 8 000 个单位，哪一地点的总成本最低？

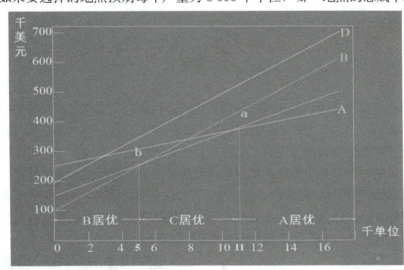

图 2.1　各地点总成本线

设企业产量为 Q，从图 2.1 可以得出结论：
（1）当 $Q \leqslant 5\,000$ 时，选择地址 B。
（2）当 $5\,000 \leqslant Q \leqslant 11\,000$ 时，选择地址 C。
（3）$Q = 8\,000$ 时，地址 C 的总成本最低。

互联网+BIM技术创新创业工作室的前期筹办工作

第二节 工作室如何选择装修风格

一、办公室装修风格选择的重要性

完整的办公室装修设计方案要涵盖装修整个过程以及装修之后的配饰，让整个办公环境有个完整的设想。

办公室是脑力劳动的场所，企业的创造性大都来源于该场所的个人创造性发挥。因此，重视个人环境、兼顾集体空间，借以活跃人们的思维，努力提高办公效率，就成为提高企业生产率的重要手段。从另一个方面来说，办公室也是企业整体形象的体现，一个完整、统一而美观的办公室形象，不仅能赢得客户的信任感，同时，也能给员工以心理上的满足。

办公室装修设计的重要性和考虑因素越来越受到关注。办公室设计要迎合现代办公环境的私密性、开放性、个体性、群体性等，使工作环境有新意，有创意，轻松的工作环境，可使空间明快、简洁，富有现代气息。

我们渴望通过装修设计打造舒适的工作氛围，所以在办公室装修设计的风格选用上，在空间、色彩、照明、材料、陈设等办公室界面处理上，都需要经过精心的设计和搭配，由此完成整个空间的设计。

二、办公室装修风格介绍

1. 传统风格

传统风格的室内设计，是在室内布置、线形、色调以及家具、陈设的造型等方面，吸取传统装饰"形""神"的特征，透过装修彰显浓郁的文化气息，是对历史良好的传承。传统风格既泛指我国中式传统、西式传统、日式传统、伊斯兰式传统、印度传统、北非城堡传统等风格，也包含了西式古典风格（包括罗马风、哥特式、文艺复兴、巴洛克及洛可可等）。传统风格对装饰线脚、纹饰等设计和创作要求很高，相应地对家具、灯具、陈设品等的配置也有较高的整体协调要求，通过传统图案和传统元素常给人们以历史延续和地域文脉的感受。传统风格室内装饰如图2.2所示。

(a)　　　　　　　　　　　　　　　　(b)

图2.2　传统风格室内装饰

2. 自然风格

自然风格始于20世纪90年代的装饰热潮，带给了人们全新的装修体验，诸如小花园、文化石装饰墙和雨花石等装饰手法，大大革新了传统装修手段，亲近自然、返璞归真成为人们追求的目标之一。

从广义上来讲，也可以把田园风格、乡土风格等归于自然风格。倡导"回归自然"，人与自然的"对话"，将现代人对阳光、空气和水等自然环境的强烈回归意识以及对乡土、田园的眷恋通过大量的木材、石材、竹器等自然材料和自然符号倾泻到室内环境空间、界面处理、家具陈设以及各类装饰要素中，美学上推崇自然，结合自然，重视环境与生态在设计中的主导作用，广泛采用绿化，突出土壤、植物和自然形态。自然风格多采用木材、石材、纤维织物等天然材料，自然粗犷的家具和灯饰造型，显示材料的纹理，崇尚清新雅洁的室内环境氛围。

自然风格运用多种元素，不拘一格，但在形体、色彩、材质、配置的总体构图和视觉效果中独具匠心，深入推敲，装修风格自成一派。自然风格室内装饰如图2.3所示。

(a)　　　　　　　　　　　　　　(b)

图 2.3　自然风格室内装饰

3. 现代风格

现代风格起始于20世纪20年代德国的包豪斯学派。

现代风格的室内装修风格的特点是重视功能，注重建筑空间结构构成本身的形式美。其造型简洁，讲究清美的创作工艺，强调显示材料的质地及其配置，崇尚美的观念随着思想和技术的进步而改变。也可泛指造型新颖，具有时代气息的建筑形象或室内环境。

室内现代风格装修一般室内家具造型简洁，凸显的是制作材料的质地与功能。然而近年来随着人们生活品位的不断提高，人们也在对美进行不断的追求。在室内现代风格装修中，也涌现出新的设计思想以及新的技术。运用新型的装修材料以及配套设施，营造更具现代化的室内宜居环境，但又不失明快、简洁的现代装修风格以及实用性与明快性的现代功能。现代风格室内装饰如图2.4所示。

(a)　　　　　　　　　　　　　(b)

(c)

图 2.4　现代风格室内装饰

4. 当代设计风格

人们习惯将中国现今的家居室内设计风格概括为中式风格、欧式风格、现代风格、简约风格及地中海风格几种。但这其实是一种大体形式的划分，严格从设计角度来说是不准确的概念。中国家居室内设计在家装设计时会充分尊重业主喜好而对设计风格不作强制规定。

目前混搭风格在总体设计上呈现多元化的现象，兼容性也在不断提高，主要风格为在装修中融入东、西方两种不同的风格建筑，家具选择与室内墙面设计上呈现混搭。具体方式为通过运用多种体例，以营造复杂的视觉冲击，在室内构成结构上呈现不同的层次，这些内容都要经过别具匠心的考量与设计，才能达到最终和谐统一的效果，但对设计历史非常了解的设计师往往能从混搭的设计风格中看出独立的设计，也能将这些独立的设计结合成一个和谐的整体。这种混搭的功夫是中国设计走出模式套索创立自我风格的开始，随着国人文化观念的统一，届时将会出现一种非常有代表意义的设计风格。当代设计风格室内装饰如图 2.5 所示。

(a)

(b)

(c)

(d)

(e)

(f)

(g)

图 2.5　当代设计风格室内装饰

（a）简约风格；（b）欧式风格；（c）中式风格；
（d）、（e）地中海风格；（f）、（g）多元素混搭风格

三、目前室内装修设计发展趋势分析

1. 新手法新方式的装修手段

全球人口在不断增加，然而有限的生存空间却不能满足人们不断提高的生活水平，在20世纪很多国家就出现了房荒的现象。新世纪的室内装修方法旨在利用先进的装修方法在有限的房间内扩充可以活动的空间，进行对有限空间的最高效利用。在扩大人们居住面积的同时却又有着诸多的困难，例如，众多的历史名迹需要保留，众多的山区无法建造房屋等。

有的科学家在不断探索向高空扩展人们的生活空间，有的科学家在积极探索向海洋扩展生存空间，有的则是想利用太空技术扩展空间。这些都说明了人们在积极地为了生存空间而努力，在不断革新着室内装修的方法，相信通过我们的努力这些梦想一定会成功。

2. 室内装修的大环境化趋势

现如今随着人们的生活水平不断提高，人们的家居品位也在不断提升，在现在的装修设计中不但要考虑房间内的装修风格与使用者的个人爱好以及品位相和谐，同时要考虑室内环境与室外环境的统一协调。在制订室内装修方案时要考虑外部环境的景观、阳光、绿色植物等方面的因素，房间使用者要根据自己不同的偏爱风格选择相和谐的住宅小区等，然后再制订自己喜欢的室内装修方案，以达到与外部环境高度的和谐统一。

例如，如果业主偏爱中式风格的装修，首先就要选择偏中式的小区，之后才能达到室内环境与外部大环境的相互统一协调。这种大环境的室内装修考虑，现今已经越来越多地被人们所接受，在今后的室内装修中将是一个重要发展趋势。

3. 建筑材料更加多元化的发展趋势

随着涂料技术的发展，在室内装修的颜色选择上越来越丰富，业主与设计师可以随心所欲地选择自己喜欢的颜色作为房间的主色调。随着室内装修颜色的不断丰富，室内装修材料的质感问题也有所改观，以往对于外表的平滑、细腻、华丽等要素已经不再适用于现在的审美要求，相反人们所追求的效果是想要表面的粗糙质感和原始不加修饰的感觉。人们也更加倾向去选择原始的石材作为家装材料，大理石、花岗岩等天然石材在室内装修中出现得越来越广泛。这都体现了人们追求与自然亲近的家装发展趋势，同时我们要看到在现今越来越多的建筑采用全玻璃的设计风格，与外部景物自然和谐的统一。可以预见在将来，室内装修风格的发展趋势会为利用多元化的建筑装修材料更加亲近自然。

4. 电子化产品涌入到室内装修中

今天科技日新月异，尤其是在电子科技领域，已经深入到我们生活的方方面面，在今天的家装中，除了家电以外，已经可以看到电子产品在为我们的生活提供着服务。例如，家中的声、光控开关，一个自动报警的防盗设施，可以自动识别是否为房主的自动门窗等。很多较为高档的生活小区已经普及了这些产品，如江苏南京的某高档小区内，户主进入房内需要刷卡，甚至在公司内工作闲余可以用高科技产品遥控逗狗、煮饭、洗衣服等，这些已经在我们的生活中扮演了相当大的角色。随着科技的不断发展，我们相信，在未来的室内装修中会越来越多地看到电子产品为我们生活质量的提升做出巨大的贡献。

四、办公室界面处理

1. 从空间上来划分设计领域

人们需要舒适、和谐的室内环境，声色俱全的室内效果，信息丰富的室内内容，安全便捷的空间规划，考虑周到的服务设施等，这些都是人们在精神上对室内装饰设计提出的要求。

（1）基本功能空间划分明确。总体来说，装饰艺术是一门服务于功能的艺术，带有一定的从属性。BIM 创新创业工作室作为公共交流场所，往往功能较多，区域穿插关系比较复杂。因此，首先对空间格局的划分提出要求的就是它的功能性。

空间形态特征取决于功能需求，而基本功能空间的特征具有内向性和独立性。基本功能空间按其特定的功能进行区域划分，便于管理和使用。如图 2.6 所示，工作室对这块区域进行划分时，考虑到各方面的因素，从划分空间的大小、形式及空间与空间如何组合都考虑得非常周到。除此之外，还有入口、前室、服务台、卫生间、办公区域、库房等其他功能各不相同的区域。

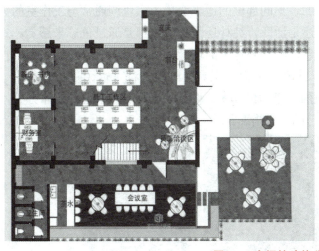
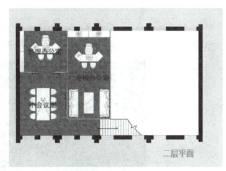

图 2.6 空间的功能分区

（2）满足多方面的空间需求。空间作为客观存在具有可感的形象，它所包含的各种因素会在人们的大脑中形成记忆、概念和感情，从而使人们可以识别和理解不同的空间环境。总的来说，空间基本上是由客观存在的可用性与人的需求共同作用而产生的。由此可见，空间的一个重要特征就是离不开人这个主体。人无时无刻不是生活在空间里，离开了人，空间就仅仅是一个容器，失去了其作为空间的意义，如图2.7所示。

图2.7 人的行为活动是空间的设计依据

2. 在色彩上的运用

色彩是营造室内环境气氛最生动、活跃的因素，并且是一种能造成特殊心理效应的装饰手段。色彩在情感表达方面给人非常鲜明而直观的视觉印象，任何与装饰相关的讨论都不可避免地要探讨色彩以及色彩与空间的关系。它不仅有审美的功能，还有表现和调节室内空间与气氛的作用，并能通过人们的感知和印象产生相应的心理影响与生理影响。色彩表现主题性的关键在于以色彩来把握人们的心理，使所采用的色彩能够引起人们的联想与回忆，从而达到唤起人们情感的目的。

（1）主色调的运用。在每一个装修案例中通常都会有一个主色调，这个主色调贯穿于室内空间，再在此基础上考虑局部的、不同部位的适当变化。主色调通常与工作室的主题十分贴切，素雅还是华丽，安静还是活跃，纯朴还是奢华，都是通过色彩来感觉。如为了表达朴素、雅静的一种怀旧气息，与室外优美的环境相协调，在色彩上就采用一种怀旧的灰色调为主题，无论墙面、顶棚、地面、家具、陈设，都贯彻了这个色彩主调，从而给人统一的、完整的、有强烈感染力的印象。如图2.8所示的斯德哥尔摩办公空间，其是以企业的特征性质形象进行的色彩搭配。

图2.8 斯德哥尔摩办公空间

（2）次色调的运用。室内空间中可以采用在大部位色彩协调时，突出一两件陈设。例如，用统一的顶棚、地面、墙面、设备等作为大背景，来突出陈设。又如在大面积深色木质铺装的大色中，用浅灰色石质的装饰品来活跃气氛。

色彩的统一，还可以采取选用材料的限定来获得，例如，统一采用大面积的木质地面、墙面、顶棚、设备等，或设置较为一致的蒙面织物等。次色调的运用如图2.9所示。

图2.9　次色调的运用

3. 在材料上的运用

装饰艺术有别于其他造型艺术的特点之一，就是涉猎材料的广泛性。因此，在装饰设计中，材料的选择与应用起着举足轻重的作用，直接影响空间环境的效果。在方案的主题表现方面，装饰材料起到至关重要的作用。装饰材料的美感和所产生的视觉感受或触觉感受是从多方位体现出来的，其中装饰材料的肌理美感是重要的因素。肌理不仅可以丰富设计物的形态，还具有动态的、表现的审美特征和体现人类对美的创造性本能。因此，肌理是体现材料表现力的载体。

在现代装饰中，材料形形色色，除了过去带有传统特色的材料以外，还有许多随着科学技术的发展所带来的数不胜数的新材料。每种实体材料都有着与它固有的视觉、感觉特征相吻合的表现力。就墙面的材料而言，材料的选择没有什么特别的定律，通常都是配合主题的需要来安排修饰墙面的材料，还有一些则采用钢材作墙面，略加修饰，充分体现现代社会的时尚感。除此之外，从绘画作品、壁挂、印刷品等陈设品中也充分体现了材料意识。材料使用得当，常常会起到画龙点睛的作用。材料的运用如图2.10所示。

图2.10　材料的运用

4. 在陈设上的运用

陈设品在室内装饰中是一个非常重要的内容，其形式多种多样，内容丰富多彩，涉及的范围非常广泛,在室内环境中起着其他物质功能所无法替代的作用。其目的是表达一定的思想内涵和精神文化,同时,也是美化环境、增添室内情趣、渲染环境气氛、陶冶人的情操所必不可少的一种手段。灯具、窗帘、地毯、形形色色的雕塑、工艺美术品、植物等都属于陈设品的范畴。不同的装饰陈设品对烘托室内环境气氛起着不同的作用。恰当、合理地运用陈设品可以使室内环境的艺术品位得以强化,使之变得富有情趣,空间环境更加完美。

陈设品通常包含功能性陈设和装饰性陈设两种,具体形式可以从色彩、造型、质感、工艺几方面来归纳。

(1)陈设品的色彩。如前所述,色彩是营造室内气氛最生动、活跃的因素,与墙面色彩的功能不同,陈设品的色彩在室内空间中主要用以点缀和调节室内气氛。因此,大部分陈设品的色彩处于"强调色"的地位。色彩的运用如图2.11所示。

(2)陈设品的造型。在直线构成的空间中故意安排曲线形态的陈设或带有曲线图案的陈设,使用形态对比而产生生动的感受。例如,采用有一定体量的造型雕塑或者是现代陶艺作品作为陈设品,可以提高环境的品位和层次,创造一种文化氛围。陈设品的造型运用如图2.12所示。

图2.11 色彩的运用

图2.12 陈设品的造型运用

(3)陈设品的质感。对质感的选择,在强调陈设品本身的独特性的同时,往往更加重视从室内的整体效果出发,以取得统一的效果。采用与背景质地形成对比效果的陈设品,突出其材质美是一种常见的手法。例如,在镜面上挂上木质的雕空漏窗,两者截然不同却融合在一起,不仅给人一种新鲜的视觉感受,也同样将新旧融合的思想展露无遗。陈设品的质感如图2.13所示。

(4)陈设品的工艺。装饰受到一定的工艺规范的制约。工艺不仅决定了基本的装饰形式结构,而且也决定着装饰形式的风格。因此,探讨陈设品必然要研究制作工艺。如木雕、漆艺、剪纸、琉璃等这些陈设品本身就是装饰艺术品;漆器、漆画等本身就是漆的装饰品。这些具有中国传统特色或者外国传统特色的陈设品或自然淳朴、质地晶莹剔透,或粗犷浑厚、造型古朴,均体现了一定的文化背景和历史烙印,给整个空间增添了艺术情趣和文化气息。陈设品在陈设方式上形式各异,有柜式陈设、台式陈设,还有悬挂、吊垂等方法。各种陈设方式形成各有情趣的展示效果，但无论形式如何多样，应始终贯彻着体现设计主题的宗旨。陈设品的工艺如图2.14所示。

图2.13　陈设品的质感　　　　　　　　图2.14　陈设品的工艺

5. 在照明上的运用

光与照明在我们生活中的作用非常重要，在现代室内空间环境设计中，有着极其重要的意义。随着现代科学技术的发展和建筑文化观念的更新，现代建筑室内光环境的营造作为一种特殊环境组成因素，极大地扩展了其实用性和文化性的内涵。光不仅起到照明的作用，还可以作为空间的界定、空间的分隔、改变室内气氛的手段，同时，还具有表现一定的装饰内容、空间格调和文化内涵的功能，将使用性、文化性、装饰性完美地结合起来。设计者可最大限度地利用光的变化来创造空间环境的主体气氛。如利用光的色彩、光的调子、光的层次、光的造型、光的范围等，使自然光与人工照明相结合，通过灵活运用直接照明、间接照明、漫射照明、基础照明、重点照明、装饰照明等多种照明手法来创造不同的空间气氛。光的韵律如图2.15所示。

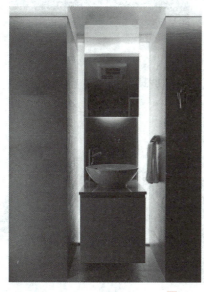

图2.15　光的韵律

五、办公室装修空间案例

以下介绍 Christian Pottgiesser 桌上森林（Pons+Huot 办公室）室内装饰案例，其采用一个改变维度的木质平台，带来全新的办公体验，如图 2.16 所示。

桌上森林是巴黎两家公司 Pons 和 Huot 共同拥有的一个办公空间。这个设计的最大特点是有一个巨大的木质水平台面，即在建筑中央是一个 1.7 m×22 m×14 m 的木质结构，它既是天花板也是桌面，重新定义并组织了一个多层次空间系统，设计师用一种全新的方式来诠释传统办公场所，用完全不同的景观类型来塑造企业环境，如图 2.17 所示。

图 2.16 桌上森林室内装饰（1）

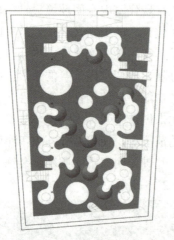

图 2.17 桌上森林室内装饰（2）

整个办公室上空是开放的钢构架，并装配有自洁玻璃，如图 2.18 所示。

图 2.18 桌上森林室内装饰（3）

桌上森林室内装饰设计将各个单元办公桌有机地布置在一起，同时，为使用者提供了独特的视角和环境定位。半圆形的有机玻璃罩还有助于隔声，减少职员间相互干扰，如图2.19所示。

图2.19　桌上森林室内装饰（4）

桌上森林还用橡木质地的平台将内部房间包裹在本身的体量中，并在"底层"创造了一个人工会议室、娱乐区和休息室，如图2.20所示。

图2.20　桌上森林室内装饰（5）

巨大的椭圆形洞口作为连通的办公席位，并最大限度地利用了自然光线。结构体的四个侧面空间则用作档案室、衣帽间和厨房，如图2.21所示。

图2.21 桌上森林室内装饰（6）

将树分散地种植在整个空间中，让办公室看起来更像一个茂盛的花房而不是一个单调的公司机构，如图2.22所示。

图2.22 桌上森林室内装饰（7）

18.3 m^3 的泥土埋在木结构下方，同时，还将计算机传送系统、供热设备和空调及水系统布置在最下方，如图2.23所示。

图2.23 桌上森林室内装饰（8）

桌上森林打造了一个森林中的办公室。自然与环保的完美结合，让办公中的人如置身于大自然之中，从而缓解了紧张的工作气氛，营造出了一种和谐、自然、恬静的办公氛围。

第三节 工作室广告的营销策划

一、营销策划书概述

（一）营销策划书的概念

当营销策划的构思过程基本完成，接下来的工作便是将营销策划的内容和实施步骤条理化、文字化，也就是撰写营销策划书。

营销策划的最终成果将在策划书中体现出来，因此，营销策划书的撰写具有重要的意义。营销策划书是全部营销策划成果的结构化文字表述，是未来企业营销操作的全部依据。有了一流的策划，还要形成一流的策划书，否则优秀的策划就得不到完整的反映，或者会使营销策划的内容难以被人理解。

（二）营销策划书的作用

1. 准确、完整地反映营销策划的内容

营销策划书是营销策划的书面反映形式。因此，营销策划书的内容是否能准确地传达策划者的真实意图，就显得非常重要。从整个策划过程来看，营销策划书是达到营销策划目的的第一步，是营销策划能否成功的关键。

2. 充分、有效地说服决策者

通过营销策划书的文字表述，首先使企业决策者信服并认同营销策划的内容，说服企业决策者采纳营销策划中的意见，并按照营销策划的内容去实施。

3. 作为执行和控制的依据

营销策划书作为企业执行营销策划方案的依据，使营销职能部门在操作过程中增强了行动的准确性和可控性。因此，如何通过营销策划书的文字表述魅力以及视觉效果，去打动和说服企业决策者也就自然而然地成了策划者所追求的目标。

（三）营销策划书撰写的原则

1. 逻辑思维原则

策划的目的是解决企业营销中的问题，应按照逻辑性思维的构思来编制策划书。首先，设定情境，交代策划背景，分析产品市场现状，再把营销策划的目的全盘托出；其次，在此基础上进行具体策划内容的详细阐述；最后，明确提出方案实施的对策。

2. 简洁朴实原则

简洁朴实原则要注意突出重点，抓住企业营销中所要解决的核心问题，深入分析，提出可行性的应对对策，要有较强的针对性，具有实际操作指导意义。

3. 可操作原则

编制的策划书要用于指导营销活动，其指导性涉及营销活动中每个人的工作及各个环节之间关系的处理。因此，其可操作性非常重要。不能操作的方案创意再好也无任何价值。

4. 创意新颖原则

要求策划的创意、内容及表现手法给人以全新的感受。新颖的创意是策划书的核心。

二、营销策划书的结构、内容与撰写技巧

（一）营销策划书的结构与内容

1. 营销策划书的基本结构

（1）封面。封面制作的要点如下：
1）标出策划委托方。
2）取一个简明扼要的标题。
3）标上日期。
4）标明策划者。
（2）前言、目录、概要提示。
1）前言。前言一方面是对内容的高度概括性表述；另一方面在于引起阅读者的注意和兴趣。当阅读者看过前言后，要使其产生急于看正文的强烈欲望。
2）目录。目录是为了方便阅读者对营销策划书的阅读，通过目录使营销策划书的结构一目了然，可以方便地查找营销策划书的内容。一般来说，营销策划书的目录是必须要有的。但如果营销策划书的篇幅比较短的话，目录可以和前言同列。
3）概要提示。概要提示是对营销策划书的总结性陈述，使阅读者对营销策划内容有

一个非常清晰的概念，便于阅读者理解策划者的意图与观点。通过概要提示可以大致理解策划内容的要点。

（3）环境分析。

1）当前市场状况及市场前景。

①产品的市场性、现实市场及潜在市场状况。

②市场成长状况。其包括产品目前所处市场生命周期的阶段、公司营销的侧重点、相应营销策略效果，以及需求变化对产品市场的影响等。

③消费者的接受性。这一内容要求策划者凭借已掌握的资料分析产品的市场发展前景。

2）产品市场影响因素。产品市场影响因素分析主要是对影响产品的不可控因素进行分析，如宏观环境、政治环境、居民经济条件、消费者收入水平、消费结构的变化、消费心理等。对一些受科技发展影响较大的产品，如计算机、家用电器等产品的营销策划中，还需要考虑技术发展趋势方向的影响。

（4）机会分析与营销目标。

1）机会分析。

①针对产品目前营销现状进行问题分析。

②针对产品特点分析优劣势。从问题中找劣势予以克服，从优势中找机会，发掘其市场潜力。

2）营销目标。营销目标是指在前面目的任务基础上公司所要实现的具体目标，即营销策划方案执行期间，经济效益应达到的目标，如总销售量、预计毛利、市场占有率等。

（5）战略及行动方案。

1）营销宗旨。企业一般可以注重以下几个方面：

①以强有力的广告宣传攻势顺利拓展市场，为产品准确定位，突出产品特色，采取差异化营销策略。

②以产品主要消费群体为产品的营销重点。

③建立起点广面宽的销售渠道，不断拓宽销售区域等。

2）产品策略。通过前面的产品市场机会与问题分析，提出合理的产品策略建议，形成有效的4P组合（即产品、价格、地点、促销），以达到最佳效果。

①产品定位。产品市场定位的关键是在顾客心目中寻找一个合理的空间，使产品迅速启动市场。

②产品质量功能方案。产品质量就是产品的市场生命。企业对产品应有完善的质量保证体系。

③产品品牌。要形成一定的知名度、美誉度，树立消费者心目中的知名品牌，必须有强烈的品牌意识。

④产品包装。包装作为产品给消费者的第一印象，需要能迎合消费者的审美要求，使其满意。

⑤产品服务。策划中要注意产品服务方式、服务质量的改善和提高。

3）价格策略。价格策略可以从以下几个方面入手：

①给予合理的批零差价,调动批发商、中间商的积极性。
②给予适当数量的折扣,鼓励多购。
③以成本为基础,以同类产品价格为参考,使产品价格更具竞争力。若企业以产品价格为营销优势,则更应注重价格策略的制定。

4)销售渠道。根据产品目前的销售渠道状况,制订销售渠道的拓展计划,采取一些优惠政策或制定适当的奖励政策。

5)广告宣传。广告宣传的原则是服从公司的整体营销宣传策略,树立产品形象,同时注重树立公司形象;在一定时段上应推出一致的广告宣传,广告宣传的商品个性不宜变来变去,功能变多了,消费者会不认识商品,反而使老主顾也觉得陌生;广泛化,选择广告宣传媒体多样化的同时,注重抓宣传效果好的方式;不定期地配合阶段性的促销活动,掌握适当时机,及时、灵活地进行,如重大节假日、公司有纪念意义的活动等。

实施步骤可按下列方式进行:策划期内前期推出产品形象广告;适时推出诚征代理商广告;节假日、重大活动前推出促销广告;把握时机进行公关活动,接触消费者;积极利用新闻媒介,善于创造、利用新闻事件提高企业产品的知名度具体行动方案;根据策划期内各时间段特点,推出各项具体行动方案。行动方案要细致、周密,操作性强又不乏灵活性。还要考虑费用支出,一切量力而行,尽量以较低费用取得良好效果为原则。

(6)营销成本。营销费用的测算要有根有据、简单明了。营销成本记载的是整个营销方案推进过程中的费用投入,包括营销过程中的总费用、阶段费用、项目费用等,其原则是以较少投入获得最优效果。对一些具体项目,如电台广告、报纸广告的费用等最好列出具体价目表,如价目表过于细致,可作为附录列在最后。在列成本时要明确区分不同的项目费用,做到醒目易读。

(7)行动方案控制。方案实施过程中要做好以下几个方面工作:
1)做好动员和准备工作。
2)选择好实施时机。
3)加强实施过程中的调控。

(8)结束语与附录。
1)结束语。结束语与前言呼应,使策划书有一个圆满的结束,主要是再次重复主要观点并突出要点。
2)附录。附录是策划书的附件,附录的内容对策划案起着补充说明作用,便于策划书的实施者了解有关问题的来龙去脉,能为营销策划提供有力的佐证。在突出重点的基础上,凡是有助于阅读者理解营销策划内容和增强阅读者对营销策划信任的资料都可以考虑列入附录,如引用的权威数据资料、消费者问卷的样本、座谈会记录等。

(二)营销策划书的撰写技巧

1. 合理使用理论依据

在对企业的内外部环境进行剖析时,为了使结论与评价意见更具说服力,提高策划内容的可信性并使读者接受，就要引用一些权威机构或个人的研究成果或经典理论来证实自己的观点的正确性。

2. 适当举例说明

有时候理论分析和验证只能说明一些共性或一般性问题，并不证明策划人的策划案一定能解决客户的个性化问题。此时，最好能列举一些与客户情况比较相似的案例。

3. 充分利用数字说明问题

策划报告书是一份指导企业实践的文件，其可靠程度是决策者首先要考虑的。这就需要借助一些定量分析的方法或手段，甚至要建立一些数理模型来分析和解决问题。

4. 运用图表帮助理解

运用图表有助于读者理解策划的内容，同时，图表还能增强页面的美观性。图表具有强烈的视觉效果，能调节读者的情绪。

5. 合理设计版面

良好的版面设计可以使营销策划书重点突出，增强营销策划书的视觉效果。因此，有效利用版面安排也是撰写营销策划书的技巧之一。

6. 注意细节，消除差错

对打印好的营销策划书要反复仔细检查，不允许有任何差错出现，对企业的名称和专业术语等更应仔细检查。

思考题

1. 简述工作室选址的几大要素。
2. 简述办公室装修风格。
3. 简述办公室界面处理的方法，试举例说明。
4. 试分析营销策划中广告宣传的方法。

课后作业

实训目标

撰写工作室广告策略。

实训要求

体现广告的针对性和独特性。

实训内容

1. USP 策略,即独特的销售主张。
2. 品牌形象策略。
3. 定位策略。

CHAPTER 03

第三章

互联网+BIM技术创新创业工作室业务开展

互联网+BIM技术创新创业工作室业务开展

互联网+BIM技术创新创业工作室业务的开展，首先得明确自己的业务目标和业务范围。其中，业务包含了BIM项目全周期应用方案咨询业务、建模翻模业务、BIM软件培训业务等。

第一节 "互联网+"概述

宏观经济形势和生存环境，已迫使中国建筑业不得不改变其生产方式。互联网+BIM技术条件的成熟、4G时代的开启，使得信息技术变革建筑业的时代将正式到来。

一、互联网的优势

1. 资源共享

互联网可以让全世界的人民共享资源，最大限度地节省成本，提高效率。

2. 超越时空

在网上聊天、看电影，在网上接受远程教育等不受时间和空间限制，如果去参加英语培训班，往返不仅花时间、费用，还要考虑安全，并且还有严格的培训时间要求。相反，互联网的远程教育就不需要这样了。假如个人或公司可以利用互联网超越时空的特点，把商品摆在网上，这就意味着，产品可以超越时空地行销到全世界，而不受任何国家和地区的限制。美国人要买你的产品，要不要到美国开分公司？同样的，去美国的电子商务公司购买产品，要不要美国的电子商务公司到中国开家分公司？互联网不需要这么做，因为它超越时空。2001年举行了一次互联网八国首脑会议，此次会议确定了一个原则：任何国家和地区不得以任何形式和理由干涉、阻碍网上交易和电子商务的进程和发展。这是国际公约。也就是说，哪个公司如果把它的产品放在网上（如果产品也足够好的话），它可以不受限制地卖到全世界，这将会节省很多费用。例如，以前买机票，需要到民航代购点去购买，现在只需上网订票即可，非常便捷。

3. 实时交互性

看电视直播时只能被动地接受电视台所播放的节目，而不能选择，只能调台。但是今天的互联网则创造了实时交互性，通过互联网，可以随意选择资源，并可以随时随地与他人进行交流。

4. 个性化

个性化用在互联网上是指，很多厂家可以根据顾客的需求去定制产品，如戴尔公司,通过个性化服务,可以根据用户提供的计算机配置需求去生产,然后将符合用户需求的计算机发送给客户。

5. 人性化

现在计算机及互联网的操作越来越向人性化、智能化发展,高科技使操作更加简单、使用更加方便。互联网普及得如此迅速,与它在很多方面都是按人性化标准来进行是分不开的。

6. 公平性

人们在互联网上发布和接受信息是平等的,互联网上不分地段,不讲身份,机会平等。

二、"互联网+"的概念及发展历程

1. "互联网+"的概念

互联网与传统产业融合是在生产的所有形式发展的必然趋势,同时,也成为国家战略发展的必然要求。2015年3月5日的政府工作报告将"互联网+"行动计划晋升为国家战略:"制订互联网+行动计划,推动移动互联网、云计算、大数据、物联网等与现代制造业结合,促进电子商务、工业互联网和互联网金融健康发展,引导互联网企业拓展国际市场。"

"互联网+"是互联网思维的进一步实践成果,其推动经济形态不断地发生演变,从而带动社会经济实体的生命力,为改革、创新、发展提供广阔的网络平台。通俗地说,"互联网+"就是"互联网+各个传统行业",但这并不是简单的两者相加,而是利用信息通信技术以及互联网平台,让互联网与传统行业进行深度融合,创造新的发展生态。它代表一种新的社会形态,即充分发挥互联网在社会资源配置中的优化和集成作用,将互联网的创新成果深度融合于经济、社会各域之中,提升全社会的创新力和生产力,形成更广泛的以互联网为基础设施和实现工具的经济发展新形态。

2015年7月4日,国务院印发《国务院关于积极推进"互联网+"行动的指导意见》。2015年10月在北京召开的五中全会中强调,拓展发展新空间,形成沿海沿江沿线经济带为主的纵向横向经济轴带,培育壮大若干重点经济区,实施网络强国战略,实施"互联网+"行动计划,发展分享经济,实施国家大数据战略。"互联网+"战略是全国人大代表、腾讯董事会主席兼CEO马化腾向人大提出的四个建议之一,李克强提出的"互联网+"实际上是创新2.0下的互联网发展新形态、新业态,是知识社会创新2.0推动下的互联网形态演进。马云认为,"互联网+"是基于互联网平台,利用跨界融合的信息通信技术和各类产业的发展,促进产业结构调整和优化升级,不断创造新的产品和新的商业模式,建立新的连接所有的生态。如果我们错过这个互联网模式,就如同在第二次工业革命拒绝使用电力的应用。"互联网+"与传统行业渗透融合,可以逐步从替代走向创

互联网+BIM技术创新创业工作室业务开展

新和优化,从而形成更多低成本、可视化、易创新、优化型、个性化的新型产业与服务。2016年5月31日,教育部、国家语委将"互联网+"入选十大新词和十个流行语。

"互联网+"反映了互联网技术,组织的经营模式,将成为各个行业的标准配置。"互联网+"进一步延伸产业的发展和信息的整合,不仅包括互联网产业,也包括建筑行业、制造行业等相关企业。"融合互联网+传统产业"不是简单的一加一等于二,这势必超过两套创新与整合。它改变了人们的生产、工作和生活方式,是传统产业增长的新引擎,是新常态下的创新驱动发展。

2. "互联网+"的发展历程

自从互联网在美国1969年开始,50年的发展给互联网带来了巨大的变化,也深刻地影响了社会的生活方式和社会发展。例如,到2013年年底,中国网民规模已达到6.18亿,比2012年年底增加3.7%,互联网普及率已经达到了45.8%的人都离不开互联网,互联网在促进经济和社会发展的形式,"互联网+"概念应运而生。十二届全国人民代表大会三次会议上,李克强总理在政府工作报告中首次提出"互联网+"计划。李克强总理提出的"互联网+"不仅是随着互联网改造传统行业,而是利用互联网来改变社会。"互联网+"无处不在,不仅应用于传统产业,也是促进知识社会用户创新。

3. "互联网+"是未来建筑业经济增长的新引擎

建筑业是数据量最大、业务规模最大的大数据行业,同时,也是各行业中最没有数据的行业、大规模不经济的行业。建筑业规模巨大却不透明,造成了巨大的资源浪费、能源消耗及炭排放,带来了项目管理的低水平、低效益,以及行业腐败等诸多问题。对于信息化,建筑业以前几乎是"铁板一块",项目管理主流模式以承包制为主,集约化运营程度相当低,其源头在于企业级数据集约化没实现。

建筑行业的思维主要体现在平台思维、产业思维、变革思维三个方面。产业整合、跨界整合已为常态,唯有确立产业思维,弱化行业思维,才能掌握主动权。面对转型升级的严峻考验,需要我们以变革思维推进落实;互联网时代,需要以平台思维来观察和考量新的商业模式。

三、"互联网+"的特征

1. 与互联网企业合作创新,共建平台

在我们研读国家互联网+指导意见时,经常发现这样的描述:"鼓励大型互联网企业向小微企业和创业团队开放平台入口、支持金融企业与云计算技术提供商合作开展金融公共云服务、鼓励传统家居企业与互联网企业开展集成创新、推动汽车企业与互联网企业设立跨界交叉的创新平台、鼓励互联网企业参与搭建城市废弃物回收平台。"

这意味着，创新的能动体是互联网企业，创新的升级体是现有的各行各业。所以，国家提出的战略是"互联网+"战略，而不是"+互联网"战略。

2. 基础主数据建设

传统企业要达到共建、开放、共享，首要核心就是基础主数据建设。互联网企业有很好的数据收集能力（物联识别、爬虫、聚合）、数据加工能力（自动分类、去重、防伪鉴别）数据存储能力（云计算、大数据平台）。

3. 识别技术应用

这里所说的识别技术包含物联识别技术、传感器技术、生物识别技术、地理位置识别技术、AR技术等。通过高效率、高质量、低成本的技术识别、数据收集、检验、现场监测，可以收集数据，继而产生实时监控报警、远程控制现场、自动化触发处理等各种创新应用。

注：AR技术即增强现实（Augmented Reality），其是一种实时计算摄影机影像位置及角度并加上相应图像的技术，这种技术的目标是在屏幕上把虚拟世界套在现实世界并进行互动。

4. 智能化

未来产品不仅需要智能化，而且工业设备也要智能化。智能化需要有智能操作系统，需要联网互动，还需要大数据收集训练与人工智能算法技术驱动。智能化也往往和识别技术紧紧联系在一起。

智能化可以随时升级远程升级增强功能，可以远程监控、远程诊断、远程控制，也可以远程收集数据，还可以联网互动。这会给消费者便利、管理便利，也会给企业带来新的服务业务、新的服务流程和模式、新的商业模式。

5. 产业链互联打通

智能化和识别技术只是方便了终端数据收集，但是只有产业上下游互联互通在了一起，才能真正做到柔性供应、柔性生产、联动研发设计、联动营销。这会极大提高社会协同效率，节约行业总体成本。

值得欣喜的是，我国各行各业都出现了新一波的企业应用厂商，他们都是搭建在云计算平台、开放Open API、积极连接电子商务与互联网社区，他们已经为我们做产业链互联打通提供了很好的基础。

注：Open API即开放API，也称开放平台。所谓的开放API（Open API）是服务型网站常见的一种应用，网站的服务商将自己的网站服务封装成一系列API（Application Programming Interface，应用编程接口）开放出去，供第三方开发者使用，这种行为就叫作开放网站的API，所开放的API就被称作Open API（开放API）。

互联网+BIM 技术创新创业工作室业务开展

6. 能力单元网络协同

我国的生产很集群，在广东、福建、江苏、浙江尤其明显。同样的需求，可能有很多家生产单元都可以承接。在这种便利条件下，我国互联网技术联盟相信，业界一定会产生专业的采购、生产、分销协作管理平台，甚至不排除研发设计也可以化整为零快速组合设计、协同集成。这是大势所趋。而社会化资源协同平台将是未来的霸主核心。

产业链互联打通，就有利于产业供需信息快速到达每个能力单元节点。各个环节的能力单元就可以按照自己的能力来按需接单、按需生产。

7. 通过互联网向社会开放企业能力与服务

过去，各行各业的能力与资源基本固化封锁在企业内部。现在，电商促进企业向消费者开放，互联网社区也促进企业向消费者开放。随着资本风投、股权激励，企业的治理结构也会社会化。再随着业界专家智库私董会引入、内部孵化创业、企业对外投资、阿米巴组织变革，企业的人才也会社会化。

所以我们相信，未来的大企业会成为企业服务开放平台，而未来的小企业会成为产业互联能力输出的一个节点，整个社会的众多企业就如同虚拟的互联网一样连接在一起。

8. 数据开放共享、众包共建，跨界创新应用

除了通过互联网向社会开放企业能力与服务之外，企业还可以向产业链或社会开放自己的数据。设计机制，大家一起来建设丰富数据、校正数据。数据的开放，使各行各业可以结合自己的业务优势，通过 1+1>2 的跨界创新，创造出新的产品、新的服务、新的营利模式，大家可以共享红利。

9. 通过大数据分析，指导业务优化

过去我们是领导拍脑门作决策，现在我们是管理族层次团队集体决策，未来我们是开放企业服务平台、互联交叉、阿米巴组织单元自我决策。

没有大数据，这种互联交叉的叠加因素影响，任何一个人都无法想透看清。没有大数据，阿米巴组织单元无法有能力作正确的自主决策。没有大数据，整个互联协作网络就会变化共振导致混乱噪声。

通过识别技术、智能设备、产业互联打通、数据众包，建立真正的大数据。这个时候就需要发展大数据分析技术，来利用这些数据为我们业务价值服务。这也是近几年人工智能、机器学习等前沿技术迅猛发展，获得投资的原因。

10. 利用互联网，向服务型产品转型、做服务产品创新

中国互联网技术联盟的专家委员会成员之一，某大型机械制造企业就开展了非常具有代表性的创新业务：基于互联网开展故障预警、远程维护、质量诊断、远程过程优化等在线增值服务，目前成了业务增长最为迅猛的一块。

在国家指导意见中也特别提到，支持设备制造企业利用电子商务平台开展融资租赁服务，引导传统商贸流通企业利用互联网转型成为供应链协同平台，鼓励企业利用移动社交、新媒体等新渠道发展社交电商……这些业务创新的方向。这些都是利用互联聚合能力、利用互联网技术能力来拓展新的业务的好案例。

四、"互联网+"业务带来的商机

1. "互联网+"的到来带来的创业商机

"互联网+"是传统行业与互联网的融合与重构。制造、广告、新闻、通信、物流、医疗、教育、旅游、餐饮……几乎所有的传统行业、传统应用与服务都在被互联网改变。传统行业向互联网迁移，带来资金流、信息流、物流整合，形成新的平台，产生新的应用，带来产业或服务的转型升级。"互联网+"模式将给各个行业带来创新与发展的机会。"互联网+"要加的对象，既可以是互联网自身的新生事物，也可以是传统的或者说是线下的各行各业，蕴含着更大的创业创新空间、更多升级换代和颠覆性改变的可能。

"互联网+"是创新形势下的互联网发展新形态、新业态，是知识社会创新形势推动下的互联网形态演进。"互联网+"代表一种新的经济形态，即充分发挥互联网在生产要素配置中的优化和集成作用，将互联网的创新成果深度融合于经济社会各领域之中，提升实体经济的创新力和生产力，形成更广泛的以互联网为基础设施和实现工具的经济发展新形态。"互联网+"行动计划将重点促进以云计算、物联网、大数据为代表的新一代信息技术与现代制造业、生产性服务业等的融合创新，发展壮大新兴业态，打造新的产业增长点，为大众创业、万众创新提供环境，为产业智能化提供支撑，增强新的经济发展动力，促进国民经济提质增效升级。

2. "互联网+BIM"对企业的影响

对施工企业来说，继续在传统管理技术手段上进行项目管理作业，将与基于BIM的项目管理模式有很大的效率和质量落差，在进度、成本和质量安全管理，甚至在企业品牌上差距将进一步拉大，企业竞争力无从谈起，这就意味着，不在BIM技术应用上及时跟进，就会面临淘汰的危险。大部分的企业以及企业高管在纠结BIM技术给企业和自己带来的冲击，有的始终停留在靠不透明获利的守旧思维上，有的怕过程透明给自己的权力和利益带来威胁。2013年AU大会上潘石屹不客气地指出，施工企业是BIM技术的阻力，业主方才是最大推动力。这个说法并不完全正确，但建筑业内部的确有一部分来自中层干部对透明化的阻力。这些力量阻碍了行业的进步，拖了行业转型升级的后腿。

对于建筑业而言，确实仅有互联网是不够的，需要"互联网+BIM"，才能对建筑产业链进行透明化。建筑业价值链的关键要素是工程量、建材设备产品价格、消耗量指标和造价。BIM实现的主要是对工程量的透明化，对其他信息辅助透明化。互联网能够帮助BIM技术实现广域网的协同和共享，并能将产品价格、消耗量指标、造价数据信息进行透明化。

互联网+BIM 技术创新创业工作室业务开展

"互联网+BIM"正在加快对建筑业的革命速度，虽然这个趋势会面临很大的阻力，但前进的方向和速度的加快却不以人的意志为转移。对建筑企业来说，变革既有上游客户和政府行业管理的推动，更重要的是先行者有占据优势的动力。正如一个故事所言：两位探险者进入深山，突然看到前面一只老虎在挡着去路，等着他们。其中一位急忙蹲下系紧鞋带，准备逃跑。另一位不得其解，对他说："你觉得我们两个跑得过老虎吗？"系鞋带的则说："我跑得过你就可以了。"事实上，建筑业透明化带来革命性的变化是：市场集中度将大幅提升，真正改变我国建筑业大企业的成本比小企业高、小企业成本比个体包工头成本高的奇怪现象，将行业规模经济优势做出来。小企业届时将无法生存，行业竞争更为理性，行业平均利润将成倍增加。这种革命无疑对全社会是有利的。

第二节　工作室开展 BIM 咨询业务

BIM 咨询业务包括法人治理、组织架构、管控模式、战略体系、运营管理、支持管理体系很多部分。其中，运营管理又包括了整个业务链条上的所有部分。

一、BIM 咨询业务分类

1. BIM 咨询服务内容

BIM 咨询服务内容大致包括以下几项：
（1）软件应用培训。
（2）建模服务——设计查错，管线综合。
（3）工程量分项统计。
（4）四维施工模拟。
（5）施工招标投标服务。
（6）BIM 施工图应用体系服务（包括异形建筑）。
（7）BIM 应用定制服务。
（8）BIM 绿色建筑分析应用。
（9）BIM 施工阶段应用。
（10）BIM 竣工模型及后期应用。

2. BIM 咨询客户的分类

不同客户的需求也不同。BIM 咨询客户可以分为以下几类：
（1）第一类客户只需要结果，即只需要提供给客户 BIM 的成果即可。我们把这种类型的业务归纳为 BIM 外包业务。

(2)第二类客户不仅需要 BIM 成果，同时还需要学会方法。所以，此时的 BIM 咨询服务就包括培训服务。我们把这种类型的业务归纳为 BIM 咨询业务。

(3)第三类客户只需要学会方法，即想学会以后自己开展 BIM 业务。我们把这种类型的业务归纳为 BIM 培训业务。

3. BIM 咨询服务业务模式

BIM 咨询服务的三类客户使 BIM 咨询分为以下三种业务模式：

(1) BIM 外包业务的客户主要是产品制造商（需要 BIM 模型的），还有国外的大设计事务所。

(2)因为国内企业一般都喜欢学会了自己做，故 BIM 咨询业务需求最大。在开展此类业务时，第一，是结合项目，提供咨询服务；第二，需要让甲方了解到教别人做比自己做要难得多；第三，需要降低甲方期望值，BIM 不是很快就能掌握的，需要时间和项目的历练。

(3) BIM 培训业务的目标是培养 BIM 的"兵"，而 BIM 的将才，不仅需要培训，还需要项目的历练，并与行业的理解以及个人悟性有关。

二、BIM 咨询业务开展思维

1. BIM 规划、实施咨询业务

(1)服务价值。业主或地产开发商作为 BIM 实施的最大受益者，往往也面临着在工程项目实施中应用 BIM 的巨大挑战。例如，在当前技术及业内 BIM 应用能力的条件下，在什么阶段应用哪些 BIM 技术和方法可以为项目带来何种价值，如何计量 BIM 应用带来的价值，应用 BIM 过程中涉及哪些管理模式或流程的调整，项目各参与方的工作界面如何界定，如何将 BIM 技术有效地整合到传统的工作流程中，如何评估项目各参与团队或拟参与项目团队的 BIM 能力，如何规范项目各参与方的 BIM 工作标准和交付成果标准，如何检验和验收 BIM 相关工作成果，项目各参与方如何通过一个有效的、结合业务流程的数据交换体系进行协同工作，项目建设过程中的 BIM 模型及相关信息如何能够为后续的物业运维管理、能耗管理、安全管理服务。

BIM 实施规划就是通过帮助业主或地产开发商分析这些 BIM 实施过程中的问题和挑战，并找到性价比最优的解决方案，从而协助业主或地产开发商建立和提高基于 BIM 的工程项目管理能力。

(2)服务内容。根据业主或地产开发商现有管理水平和管理能力提升目标，结合项目特点，在 BIM 技术发展水平前提下，吸收业内 BIM 应用经验，为项目制订性价比最优的 BIM 应用解决方案。其内容包括：制定项目 BIM 目标；确定 BIM 应用范围和具体内容；制定 BIM 应用价值衡量标准；协助对参与方及拟参与方的 BIM 应用能力评估；制定项目各参与方在 BIM 实施中的角色、责任和工作界面；在已有的业务分工和流程基础上设计 BIM 实施流程；制定 BIM 信息交换标准（如模型标准、建模精度等）；制定

互联网+BIM 技术创新创业工作室业务开展

项目各参与方 BIM 交付成果标准；协助对项目参与方的 BIM 成果验收；制定 BIM 技术基础设施（软件、硬件、平台）标准。

（3）服务原则。BIM 作为地产开发商项目管理和未来业主建筑运营管理的工具和手段，不能与现有的管理水平和行业发展状态脱节；在 BIM 技术发展还不成熟，行业整体应用刚刚起步的阶段，需要务实地吸收行业最佳经验和先进的 IT 解决方案，并适当增加管理创新，以保证适当的投资回报率。

（4）成果交付。

1）项目 BIM 实施目标及应用内容。

2）BIM 应用价值评估模型。

3）项目参与方 BIM 能力评估模型和准入标准。

4）涉及 BIM 应用的各参与方工作内容、界面、责任、流程。

5）BIM 工作标准（含模型规划、信息规划、软硬件规划）和成果交付。

6）项目数据管理规划方案。

2. BIM 建模、维护及冲突检测业务

（1）服务价值。现有的建筑设计主要是基于 CAD 平台。这种基于二维的设计平台并不能充分实现专业间的设计信息交流，以及为业主和开发商带来直观的感受。BIM 的出现，不仅使得设计所见即所得，更重要的是通过工具的提升，使得业主及地产开发商真正摆脱了技术壁垒的限制，随时知道自己的投资将要获得的是什么，有力地弥补了开发商及最终用户与设计师之间的交流鸿沟。

在三维模型环境中，通过软件自动侦测和人工观察可以比传统的二维环境更容易发现不同设计专业之间的冲突，由此将大大减少复杂公共建筑在多方配合、快速建设的前提下可能带入施工阶段的设计风险。

（2）服务内容。设计阶段根据设计施工图建立和维护模型；基于 BIM 模型的冲突检查。

（3）服务原则。模型精度和信息参照现有施工图设计要求；确保重要节点可用 BIM 模型进行可视化汇报交流、论证方案、推敲设计；冲突检测与设计重要的审核、反馈节点保持一致。

（4）成果交付。基于 BIM 三维可视化模型；冲突检测报告等。

3. 仿真模拟、性能分析业务

设计优化，是以工程设计理论为基础，以工程实践经验为前提，以对设计规范的理解和灵活运用为指导，以先进、合理的工程设计方法为手段，对工程设计进行深化、调整、改善与提高，并对工程成本进行审核和监控，也就是对工程设计再加工的过程。通过这一认识过程的二次飞跃，捕捉到项目投资中安全与经济之间的最佳平衡点。通过数字化模拟技术对本项目进行基本的建筑性能化分析，为设计优化提供决策支持。

（1）室外风环境与热舒适度分析。

1)服务价值。传统设计往往局限于如何使建筑适应不同地区气候特征而采取相应的设计对策,而没有从温度、湿度、风、太阳辐射等气候因子的角度去阐述气候要素之间及其与建筑的关系。然而,这些气候因子恰恰是决定建筑布局、形体特征、空间关系及建筑表皮特征的关键因素,能够准确反应建筑在气候环境中的适应性,这种适应性包含三个方面,即人的舒适性、节约能源和健康。因此,建筑室外风环境和热舒适性的性能化分析是方案阶段设计高品质社区和休闲环境的科学手段。

2)服务内容。在早期建筑方案阶段介入,基于建筑提供的三维草图模型,评估典型季节(冬、夏)主导风下的风环境和热舒适性,从风感、空气质量、建筑风压、热舒适性四个方面进行论证,预测可能出现不利情况的区域,针对这些区域提出设计建议和注意事项。

3)服务原则。风环境分析按照国际上流行的风洞试验标准——Lawson准则进行评估;热舒适性分析采用TS(Thermal Sense)理论,依据风环境分析和太阳辐照数据进行评估。

(2)自然通风分析。

1)服务价值。自然通风是节约空调能耗的一种重要手段,应在建筑设计中鼓励自然通风的被动设计,建筑形体、布局以及门窗等设计因素对自然通风效果有着直接的影响。然而,自然通风过程是三维空间的一种复杂的空气流动过程,必须应用计算机模拟分析技术才能较为合理地进行预测,并从中找出规律。因此,该分析可帮助设计师更加有效并更有针对性地进行自然通风设计。

2)服务内容。在方案阶段介入,根据业主的需求和设计师的理念确定需要自然通风分析的关键区域;基于风环境分析数据和气候条件,论证分析对象的自然通风潜力;模拟典型时刻的自然通风工况,获得整个空间的气流组织形态,评估自然通风的效果,提供优化建议。

(3)自然采光分析。

1)服务价值。人眼在自然光环境下比在人工光下具有更高的视觉功效,并感到舒适和有益于身心健康,同时,人在自然光下工作效率也更高。另外,白天尽量采用自然光进行照明,可以节省建筑照明能耗。因此,作为高品质的建筑,自然采光方面的被动设计应有所考虑。利用自然采光分析技术,在设计阶段就可以非常直观可靠地预测建筑未来的采光情况。

2)服务内容。按照项目特点和业主需求,选择采光分析对象。基于BIM模型获得人眼真实感觉的采光预览;计算人员活动区全阴天照度,评估自然采光水平;进行采光均匀性分析与眩光控制(如有必要),降低舒适性要求较高的房间的光污染水平。

3)服务原则。利用光线跟踪法获得人眼真实视觉图像;按照某标准(LEED或三星等绿色评估体系)评价建筑的自然采光水平。

4. 模拟仿真、虚拟现实业务

(1)服务价值。利用交通专业模拟仿真软件丰富的表现形式,可将原有复杂的工程数据和成果以图形或三维动画的形式进行呈现,并可通过虚拟现实环境的构建,提供更为系统精确的测试平台，同时，也建立了可使用户清晰全面地了解方案内容的渠道。

（2）服务内容。车行系统仿真：建立 VISSIM 仿真模型评价车速、延误、排队情况等，输出 3D 仿真视频。人行系统仿真：建立行人仿真模型，评价行人步行速度、密度、空间利用率等。人行疏散模拟：评测疏散时间、校核疏散通道、楼梯宽度是否满足需求，查找建筑设计中的瓶颈点。

（3）服务原则。在强大背景数据的支持下，力求真实地反映未来年交通方案的效果。

（4）成果交付。车辆或行人的 3D 仿真视频；方案评价报告等。

5. 管线综合、净高控制业务

（1）服务价值。利用三维建筑模型，通过优化设备管线在建筑结构废余空间中的布置，提高设备管线的空间利用率，降低空间成本，提升项目建成后的空间品质。

（2）服务内容。依托专业的设计行业背景和丰富的施工现场协作经验，基于施工图阶段 BIM 模型对项目机电管线进行综合设计，并通过优化最低点来确保空间的净高，符合地产开发商的需要。

（3）服务原则。
1）机电系统层面：从末端到系统，以机电专业的视角统筹考虑管线的布置。
2）设计协调层面：从局部到整体，以空间为对象整体考虑管线的走向。
3）项目实施层面：从设计到建造，以施工组织合理性为原则考虑管线的可建性。
4）满足运营层面：从设计到使用，以建筑运营实际需求为指导考虑管线的合理性。

（4）成果交付。管线综合模型；管线综合图纸。

6. 工程算量、材料统计业务

（1）服务价值。在 2D 的工作环境下，目前国内工程量统计的依据仍然是 CAD 图纸，由于 CAD 本身信息的不完整，所以，几乎所有的工程量统计都需要人工干涉才能完成，不能实现计算机自动算量，其中的计算逻辑和人工操作往往会引起数据的不准确，特别到项目设计方案调整后，所有的算量都需要重新完成，造成数据统计的不及时。

BIM 不仅仅是三维建筑模型，事实上 BIM 模型是一个富含建筑信息的数据库，通过预先合理规划模型以及输入相应的构件属性信息，可以方便项目团队高效、精确地获取各种类型材料的统计数据。

（2）服务内容。BIM 服务团队在三维建筑模型基础上，按照房地产开发商要求的工程量分类统计要求，合理进行模型规划、计算逻辑编制、统计报表定制，从而实现建筑各专业工程量统计可以及时准确地输出，甚至按照房地产开发商的要求进行不同方案工程量统计结果的比对，这些数据将在项目的各个重要节点为房地产开发商项目管理团队提供重要的决策依据。

（3）服务原则。仅针对建筑重要材料、设备工程量进行统计；统计分类根据房地产开发商提供的要求制定。

（4）成果交付。工程量统计表。

7. 数据集成、辅助交付业务

（1）服务价值。项目建成后，物业管理部门需要得到的不仅仅是设计图纸、竣工图纸，还需要正确反映真实的设备、材料安装使用情况，常用件、易损件等与运营维护相关的文档和资料。可实际上这些有用的信息都被淹没在不同种类的纸质文档中了，这不仅造成项目移交过程中可能出现的问题隐患，更重要的是需要物业管理部门在日后的运营过程中从头开始摸索建筑设备和设施的特性、工况。

（2）服务内容。
1）施工竣工信息集成。
2）隐蔽工程信息集成。
3）系统调试信息集成。
4）设施运维信息集成。

（3）服务原则。确保录入信息与现场实际情况及相关信息准确一致。

（4）成果交付。BIM 模型、模型使用说明等。

第三节　工作室开展 BIM 建模业务

一、BIM 建模的市场行情

BIM 建模在整个 BIM 技术中处于基础与核心地位，后续单位（施工、预算、监理、业主、物管）均在 BIM 的模型上应用。

1. BIM 建模业务与设计单位

设计单位本应提供模型，但在实际工作中，因 BIM 建模工作量大、耗时长，设计工程师如果既要设计又要建模，时间长且精力不足，故而往往承包给专业建模团队进行翻模。即设计工程师只负责设计，BIM 工作室负责按照图纸建模。这就为建模单位提供了大量业务。

2. BIM 建模业务与装修公司

装修单位为更好地向用户展示装修效果，往往采用更直观、更真实的 BIM 模型。BIM 工作室可以专门为装修公司提供专业的建模业务。

3. BIM 建模业务与施工单位

施工单位在投标、施工过程中均要用到 BIM 模型，如进度展示、材料控制等。施工人员因专业限制，大部分不会使用 BIM 技术，并且为将工作精力用于管理，更愿意把

BIM 相关业务委托给专业公司负责。

综上所述，BIM 技术创新创业工作室具有广阔的业务市场，建筑行业的各个环节均能提供大量的业务。

二、BIM 建模团队的组建

1. 组成人员

BIM 建模团队的组成人员包括项目负责人、建筑建模师、结构建模师、机电建模师、给水排水建模师。其中，项目负责人负责与业主协调、制定建模标准、项目拆分、安排任务，各专业建模师负责各专业的建模工作。

2. 项目人员组成方式

根据不同项目规模和复杂难易程度来决定各个相同专业和不同专业模型之间的协作方式。

（1）小型项目：一个土建模型＋一个机电模型。

（2）中等项目：一个建筑模型＋一个结构模型＋一个机电模型。

（3）大型项目：多个建筑模型＋多个结构模型＋多个机电模型（或机电三专业拆分模型）。

（4）超大型项目：多个建筑模型＋多个结构模型＋多个暖通模型＋多个给水排水模型＋多个电气模型。

3. 项目人员资质要求

项目负责人及各专业负责人要求考取 BIM 技能等级证书。

三、BIM 建模的标准与收费

根据 BIM 建模深度的不同，其取费标准也不一样。目前政府还未发布统一的、正式的收费标准，大多只能从市场现状出发，协商取费。必要时可以参照《上海市建筑 BIM 建模深度和收费标准（讨论稿）》进行建模深度的划分与收费。

BIM 建模深度可划分为概念级、方案级、设计级、施工级。收费标准可为 3～15 元 /m^2。

四、BIM 建模与应用的实例

孙逸仙心血管医院迁址新建项目是一个成功采用 BIM 建模及管理的项目。该项目总面积为 88 470 m^2，总投资为 51 419 万元，医疗综合楼一栋，行政办公楼一栋，地下三层，地上二十层。该项目建模工作主要包括以下方面。

1. 组件技术团队

BIM 项目管理人员：1 人以上，2 年 BIM 工作年限，熟悉 BIM 系统及项目管理。
项目成员：若干，熟悉 BIM 工具操作。

2. 计算机硬件要求

计算机硬件要求见表 3.1。

表 3.1　计算机硬件要求

机型	关键部件	投标参数情况	品牌
	CPU	Intel 至强 E3-1230	
	RAM	16GB DDR3 1600MHz	
	显卡	NVIDIA GeForce GTX 580	
	硬盘	1GB 7200 转	

3. BIM 模型创建

依据实施导则创建建筑、结构、机电、幕墙、装饰等专业 BIM 模型，如图 3.1 所示。此模型为后续各项 BIM 应用的工作基础，发现图纸描述不清、表达错误等问题，并反馈给设计院进行修改与变更。

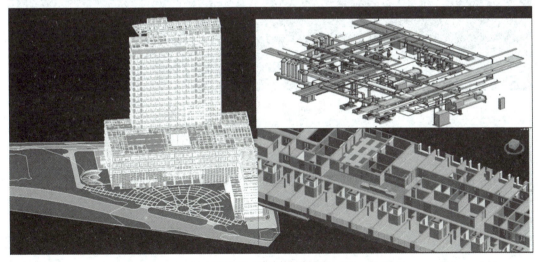

图 3.1　BIM 模型创建

4. 管线综合

把各专业复杂的管线（风管、桥架、消防、医用气体、物流系统）与建筑结构专业 BIM 模型综合在一起，发现设计中各专业冲突问题，形成设计管线综合报告，提升设置质量。

5. 管线深化、优化

利用管线模型，对各个专业的管线进行重新排布，消除碰撞，优化排布形式，使其便于施工，节约材料，如图3.2所示。

6. 预留预埋出图

利用深化后的模型、生产管线穿过墙、板的精准定位信息的二维图，避免结构完成后打孔对结构的破坏，可提高工作效率和工程质量，如图3.3所示。

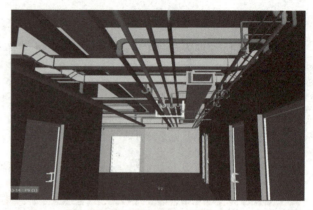

图3.2　管线深化、优化

图3.3　预留预埋出图

7. 净空检查

利用BIM模型检查管线和设备比较密集的地方及重要功能空间，确保建筑空间满足使用要求，避免留下限高的建筑遗憾。

8. 综合支吊架

利用BIM模型，按照受力要求，确定综合支吊架的位置。

9. 绿色建筑分析

利用BIM进行绿色建筑分析，让建筑符合"四节一环保"的绿色建筑要求，使建筑与环境更加和谐美好，让居住环境更为健康。

第四节　工作室开展 BIM 培训业务

1. BIM 认证培训

根据国家政策规定，从事 BIM 管理工作，必须取得相应的 BIM 认证。目前国家认可的 BIM 证书主要有两类，即欧特克 ATC 培训认证、国家人力资源和社会保障部颁发的相应级别证书。其中，欧特克 ATC 培训认证包括 Revit 初级工程师、Revit 工程师两个级别。国家人力资源和社会保障部颁发的证书分为三个等级：一级为 BIM 建模师；二级为 BIM 高级建模师；三级为 BIM 应用设计师。每年两次考试，一般在 6 月和 12 月。此类证书是目前 BIM 领域最权威的证书，很多国内项目招标文件中明确将"全国 BIM 技能等级证书"的数量和级别作为考量企业 BIM 能力的标准。BIM 证书作为目前从业人员唯一的能力证明深受大家重视，具有广阔的市场行情。

2. 软件应用培训中的软件功能培训主要针对初学者

软件应用培训的主要目的是培训学员使用相关软件。如 Revit、uniBIM、BIM5D 等。

3. 项目应用培训

项目应用培训又分为固定教材培训和客服真实项目的应用培训。针对客服真实项目的应用培训，应以完成项目为导向，先做项目，再做总结，最后做培训。培训咨询师需要有丰富的行业经验，对项目进行分析，采用合理的 BIM 工作流程和方法开展项目工作。咨询单位本身需要有专业团队参与项目，以保证项目能及时完成。

4. BIM 技术培训机构

要想开展 BIM 咨询服务，首先要建立团队。目前市面上 BIM 人才稀缺，而且对 BIM 咨询业务的开展，仁者见仁，智者见智，开拓者意见难以统一，志同道合者难觅。目前阶段的 BIM 开拓者需要自己带队，自己培养人才，所以培训不可或缺。开拓者的高度和视野决定了团队的整个发展。在人才的培养挑选上，需要忠诚、勇敢、细心、责任感等素质，这将按实际情况具体分析。从 BIM 行业提出以来，培训对象有学生、建筑师、大学教师、施工团队、地产商等，培训对象参差不齐，对培训的需求也大不一样。

5. BIM 技术培训的场地与设备

BIM 技术培训需要专门的场地，设备主要是计算机，因 BIM 模型信息量大，涉及专业多，所以对计算机配置要求高。解决培训场地与设备的办法有两种，一种是自己购买计算机、租赁场地。这种方式有利于培训机构选择合适的办公地段、展示实力、形成自己的品牌，但是前期投资较大。另一种就是与其他单位合作，主要是高校，可以在高校租赁机房进行培训。这种方式前期投资小，但是培训时间、地点受限制。

6. BIM 技术培训的收费

关于 BIM 技术培训的收费，国家无相关明确规定，以市场调节为主。目前市场收费大致情况如下：软件功能培训，一款软件培训 10 天，收费 5 000 元左右。

7. BIM 技术培训业务的拓展

BIM 技术培训业务的拓展主要有以下三种措施：

（1）对个人培训。主要针对个人进行宣传、培训。可以通过广告宣传、到企业项目宣传，吸引个人进行培训。

（2）对企业培训。直接到企业进行宣传，由企业组织人员统一学习。

（3）对行业培训。与政府部门、行业协会合作，对本地建筑设计、施工、造价、监理企业进行全行业培训。

8. 项目应用培训实例

以孙逸仙心血管医院迁址新建项目 BIM 项目管理为例进行介绍。

（1）BIM 应用组织形式如图 3.4 所示。业主单位借助 BIM 服务，透明掌控设计、施工、造价、咨询等服务单位的工作成果质量；BIM 咨询单位提供专门的 BIM 应用规划和 BIM 应用指导，提供全过程 BIM 模型维护；施工单位密切配合，将 BIM 咨询成果应用于实际施工过程。

图 3.4　BIM 应用组织形式

（2）BIM 招标投标。对施工单位、BIM 咨询单位提出团队人员及能力、软硬件要求。

（3）项目协同。搭建项目参建多方协作工作平台，提供工程资料共享、流程审批等功能，提高沟通效率，降低沟通成本。

（4）建筑功能沟通。利用虚拟现实技术，在未来的建筑空间中，身临其境地感受建筑的空间和功能设计。解决非专业人士理解图纸的困难。

（5）建筑功能验证。验证建筑空间设计以及建筑通道设计是否满足使用要求、大型设备的摆放及通过通道的要求，如图 3.5 所示。

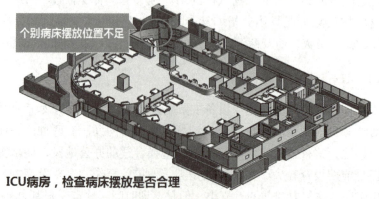

图 3.5　建筑功能验证

（6）质量安全管理。搭建质量安全巡检平台，将 BIM 模型、施工图纸、工程规范等导入到 Pad，供业主、监理在工地巡检时发现工程质量问题，如图 3.6 所示。

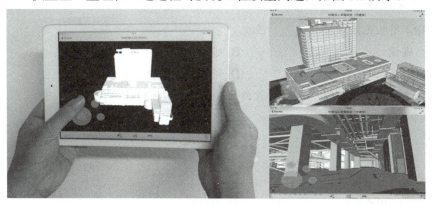

图 3.6　将 BIM 模型导入 Pad

（7）进度管理。利用 BIM 模型跟踪工程进度，以周为单位，实时直观、精准反应施工执行情况，如图 3.7 所示。

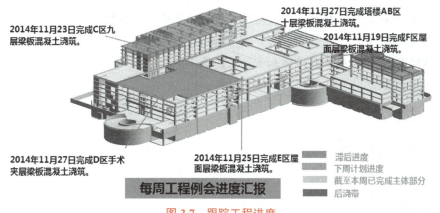

图 3.7　跟踪工程进度

（8）场地布置。利用 BIM 技术和仿真技术实现施工场地模拟，用于进度协调、场地周转利用、工地周边环境交通影响，如图 3.8 所示。

图 3.8　场地布置

选择题

1. BIM 团队无法承接（　　）业务。
   A. 咨询　　　　　　　　B. 建模
   C. 勘察　　　　　　　　D. 培训
2. BIM 团队可以培训（　　）软件。
   A. Revit　　　　　　　　B. PKPM
   C. CAD　　　　　　　　D. 天正建筑

思考题

1. 简述互联网的特征。
2. 简述"互联网+"的概念及发展历程。
3. 简述"互联网+"的优势。
4. 简述 BIM 工作室开展咨询、建模、培训业务的市场分析。
5. 简述 BIM 工作室开展咨询业务的具体内容。
6. 简述 BIM 工作室开展建模业务如何组建团队。
7. 简述 BIM 工作室开展培训业务的对象。

课后作业

实训目标

掌握 BIM 业务团队的组成、职责，熟悉承接业务的流程。

实训内容

1. 收集相关资料，了解市场情况。
2. 选择适合自己业务的团队模式。
3. 进行相关业务承接。

CHAPTER
04

第四章

组建公司流程概述

组建公司流程概述

BIM技术创新创业工作的开展必须要有合理的组织结构给予支撑,最常见的方式就是组建公司。人们常说:"成功的演出不仅需要天才演员的表演,也要有天才的剧本和优秀的导演组",这就说明组织结构的支撑对项目的开展是离不开的。因此,掌握公司组建流程对互联网+BIM创新创业技术工作的开展具有十分重要的意义。

第一节 树立以目标为中心的企业文化

企业文化是企业之魂,任何成功的企业都具有自己独特的文化。文化的传承对企业发展和生存以及社会的影响力都具有重大的意义。企业文化的种类也是多种多样,其中树立以目标为中心的企业文化是建立企业文化的首要目标。

一、什么是文化

文化(culture)是一个非常广泛和最具人文意味的概念,给文化下一个准确或精确的定义,的确是一件非常困难的事情。对文化这个概念的解读,人类也一直众说不一。但东西方的辞书或百科中却有一个较为共同的解释和理解:文化是相对于政治、经济而言的人类全部精神活动及其活动产品。

(1)从哲学方面讲,文化是智慧群族的一切群族社会现象与群族内在精神的既有、传承、创造、发展的总和。它包括智慧群族从过去到未来的历史,是群族基于自然的基础上所有活动内容,是群族所有物质表象与精神内在的整体。

(2)从文化内涵方面讲,文化是人类在社会历史发展过程中所创造的物质财富和精神财富的总和。它包括物质文化、制度文化和心理文化三个方面。

(3)从存在主义的角度,文化是对一个人或一群人的存在方式的描述。人们存在于自然中,同时也存在于历史和时代中;时间是一个人或一群人存在于自然中的重要平台;社会、国家和民族(家族)是一个人或一群人存在于历史和时代中的另一个重要平台;文化是指人们在这种存在过程中的言说或表述方式、交往或行为方式、意识或认知方式。文化不仅用于描述一群人的外在行为,还特别包括作为个体的人的自我的心灵意识和感知方式。一个人在回到自己内心世界时的一种自我的对话、观察的方式。

(4)从文化研究的角度看,文化即使是意识形态,也不是绝对排他的。对葛兰西来说,文化霸权并不是一种简单的、赤裸裸的压迫和被压迫关系。"统治集团的支配权并不是通过操纵群众来取得的……统治阶级必须与对立的社会集团、阶级以及他们的价值观进行谈判,这种谈判的结果是一种真正的调停……这就使得意识形态中任何简单的对立,都被这一过程消解了。"它成为一种从不同阶级锚地取来的不同文化和意识形态的动态的联合。

综上关于"文化"的定义和基本含义,使我们获得了关于"文化"的一些基本的认识:首先,文化是一个复合体,它是价值、信念、知识、思想等多种要素的综合;其次,一种文化是一种层次体系,它包括各种外显和内因的多层次要素,并形成一种层次性架构;最后,文化是个通则,它通过一套理念体系指导和影响人们的行为。

二、企业文化的概念

企业文化一般从管理理论的角度予以解释。企业文化或称组织文化,是一个组织由其价值观、信念、仪式、符号、处事方式等组成的其特有的文化形象,简单而言,就是企业在日常运行中所表现出的各方各面。从广义的角度讲,它包括企业的物质文化,也包括企业的精神文化,如生产经营环境,设备和产品,企业的组织结构和各种规章制度,企业的经营指导思想和管理哲学,企业的经营风格,企业内部的沟通方式,企业员工的共同价值观,企业的历史传统、生活习惯、办事程序或准则等。从狭义的角度讲,企业文化可以描述为"共同所有和使用价值的观念行为模式"。也就是说,企业成员有关的价值观念和行为准则构成了企业的文化。因此,我们可以描述:企业文化是在一定的社会环境中,通过企业管理者的长期倡导和企业成员的长期实践形成的为企业员工所共同具有的价值观、信仰、态度、行为准则、道德规范、组织活动及各种传统习惯的综合。

企业文化是企业在经营活动中形成的经营理念、经营目的、经营方针、价值观念、经营行为、社会责任、经营形象等的总和,是企业个性化的根本体现,它是企业生存、竞争、发展的灵魂。企业文化的本质,是通过企业制度的严格执行衍生而成,制度上的强制或激励最终促使群体产生某一行为自觉,这一群体的行为自觉便组成了企业文化。

【企业文化案例】——西安杨森:文化是魂

西安杨森制药有限公司是我国先进的技术型合资企业。合资中方为陕西省医药工业公司、陕西省汉江制药厂、中国医药工业公司和中国医药对外贸易总公司,以陕西省医药工业公司为代表,外方为美国强生公司的成员比利时杨森制药有限公司。

强生公司是生产消费者护理品、处方药品和医疗专业产品的企业,迄今为止在世界上50个国家拥有168个子公司,并向150个以上的国家销售产品。目前,强生公司在中国有7家合资、独资企业。比利时杨森公司创办于1953年,1961年加入美国强生公司。到现在,比利时杨森已成功研制出80多种新药,成为世界上开发新药最多的制药公司之一。

比利时杨森是以发明新药为主的公司,创始人杨森博士一生的主要追求是将更多、更好的新药介绍给更多的人。他对中国怀有好感,说"如果我发明的新药不能供占全世界人口1/4的中国人使用,那将是莫大的遗憾。"于是,在中国改革开放之初,比利时杨森公司就主动到中国尝试进行合作。

经过3年的谈判,1985年10月,西安杨森制药有限公司成立了。总投资19亿元人

组建公司流程概述

民币，注册资本比例为外方占 52%，中方占 48%，合资期限为 50 年。

1. 严格管理，注重激励

合资企业的工人和中层管理人员是由几家中方合资单位提供的，起初，他们在管理意识上比较涣散，不适应严格的生产要求。有鉴于此，合资企业在管理上严格遵循杨森公司的标准，制定了严格的劳动纪律，使员工逐步适应新的管理模式，培养员工对企业和社会的责任感。

他们通过调查研究发现，在中国员工尤其是较高层次的员工中，价值取向表现为对高报酬和工作成功的双重追求。优厚的待遇是西安杨森吸引和招聘人才的重要手段，而不断丰富的工作意义，增加工作的挑战性和成功的机会则是公司善于使用人才的关键所在。在创建初期，公司主要依靠销售代表的个人能力，四处撒网孤军奋战，对员工采用的是个人激励。他们从人员—职位—组织匹配的原则出发，选用那些具有冒险精神、勇于探索、争强好胜又认同企业哲学，对企业负责的人作为企业的销售代表。他们使用的主要是医药大学应届毕业生和已有若干年工作经验的医药代表。这两类人文化素质较高，能力较强，对高报酬和事业成就都抱有强烈的愿望。此时，西安杨森大力宣传以"鹰"为代表形象的企业文化，他们自己这样解释："鹰是强壮的，鹰是果断的，鹰是敢于向山巅和天空挑战的，他们总是敢于伸出自己的颈项独立作战。在我们的队伍中，鼓励出头鸟，并且不仅要做出头鸟，还要做搏击长空的雄鹰。作为企业，我们要成为全世界优秀公司中的雄鹰。"

2. 注重团队建设

在培养"销售雄鹰"的同时，他们还特别注重员工队伍的团队精神建设。在 1996 年年底的销售会议中，他们集中学习并讨论了关于"雁的启示"。

"当每只雁展翅高飞时，也为后面的队友提供了向上之风。由于组成 V 字队形，可以增加雁群 71% 的飞行范围。"

启示：分享团队默契的人，能互相帮助，更轻松地到达目的地，因为他们在彼此信任的基础上，携手前进。

"当某只雁离队时它立即感到孤独飞行的困难和阻力。它会立即飞回队伍，善用前面同伴提供的向上之风继续前进。"

启示：我们应该像大雁一样具有团队意识，在队伍中跟着带队者，与团队同奔目的地。我们愿意接受他人的帮助，也愿意帮助他人。

经过大力进行企业文化建设，员工的素质得到了不断的提高，对公司产生了深厚的感情，工作开展得更为顺利。特别明显的是，在 20 世纪 80 年代后期困扰公司的员工稳定问题得到了很好的解决。当时由于观念的原因，许多人到西安杨森工作仅是为了获得高收入，当自己的愿望得不到满足时就产生不满，人员流动性曾连续几年高达 60%。如今，他们已使员工深深地认同公司，喜爱公司的环境和精神，1996 年和 1997 年人员流动率已处在 6%～10%。

3. 充满人情味的工作环境

西安杨森的管理实践，充满了浓厚的人情气息。每当逢年过节，总裁即使在外出差、休假，也不会忘记邮寄贺卡，捎给员工一份祝福。在员工过生日的时候，总会得到公司领导的问候，这不是形式上的、统一完成的贺卡，而是充满领导个人和公司对员工关爱的贺卡。员工生病休息，部门负责人甚至总裁都会亲自前去看望，或写信问候。员工结婚或生小孩，公司都会把这视为自己家庭的喜事而给予热烈祝贺，公司还曾举办过集体婚礼。公司的有些活动，还邀请员工家属参加，一起分享大家庭的快乐。西安杨森办的内部刊物，名字就叫《我们的家》，以此作为沟通信息、联络感情、相互关怀的桥梁。

根据中国员工福利思想浓厚状况，公司一方面教育员工要摒弃福利思想；另一方面又充分考虑到中国社会保障体系的不完善，尽可能地为员工解决实际生产问题。经过公司的中外方高层领导之间几年的磨合，终于达成共识：职工个人待业、就业、退休保险、人身保险由公司承担，有部门专门负责；员工的医疗费用可以全部报销。

4. 加强爱国主义的传统教育

1996年11月22日，西安杨森的90多名高级管理人员和销售骨干，与来自中央和地方新闻单位的记者及中国扶贫基金会的代表一起由江西省宁冈县（已撤销）茅坪镇向井冈山市所在地的茨坪镇挺进，进行30.8公里的"96西安杨森领导健康新长征"活动。他们每走3.08公里，就拿出308元人民币捐献给井冈山地区的人民，除此以外个人也进行了捐赠。公司还向井冈山地区的人民医院赠送了价值10万元的药品。

为什么要组织这样一次活动呢？董事长郑鸿女士说："远大的目标一定要落实在具体的工作中去。进行健康新长征就是要用光荣的红军长征精神激励和鞭策我们开创祖国美好的未来。"参加长征的员工说："长征是宣言书，宣布了我们早日跨越30.8（远期销售目标）的伟大誓言；长征是宣传队，宣传了西安杨森'忠实于科学，献身于健康'的精神；长征是播种机，播下了西安杨森团队合作、勇于奉献、敢于挑战的火种。"

重视爱国主义教育，使员工具备吃苦耐劳的精神，使企业更有凝聚力。因为很难想象，一个不热爱祖国的人怎能热爱公司。这就是西安杨森的爱国主义精神。

三、企业文化的特征

企业文化作为一种崭新的企业管理理论和最高境界的一种管理模式，得到了管理学界认可。企业文化是企业的灵魂，它从根本上决定企业从哪里来，到哪里去，以及能走多远。因而，它具有许多重要的特点和功能。

企业文化的特征包括以下几点。

1. 不可模仿性

企业文化具有鲜明的个性和特色，具有相对独立性，每个企业都有其独特的文化积淀，这是由企业的生产经营管理特色、企业传统、企业目标、企业员工素质以及内外环境不同所决定的。

2. 继承性

企业在一定的时空条件下产生、生存和发展，企业文化是历史的产物。企业文化的继承性体现在三个方面：一是继承优秀的民族文化精华；二是继承企业的文化传统；三是继承外来的企业文化实践和研究成果。

3. 相融性

企业文化的相融性体现在它与企业环境的协调和适应性方面。企业文化反映了时代精神，它必然要与企业的经济环境、政治环境、文化环境以及社区环境相融合。

4. 人本性

企业文化是一种以人为本的文化，其本质的内容就是强调人的理想、道德、价值观、行为规范在企业管理中的核心作用，强调在企业管理中要理解人，尊重人，关心人。注重人的全面发展，用愿景鼓舞人，用精神凝聚人，用机制激励人，用环境培育人。

5. 整体性

企业文化是一个有机的统一整体，人的发展和企业的发展密不可分，引导企业职工把个人奋斗目标融于企业整体目标之中，追求企业的整体优势和整体意志的实现。

6. 创新性

创新既是时代的呼唤，又是企业文化自身的内在要求。优秀的企业文化往往在继承中创新，随着企业环境和国内外市场的变化而改革发展，引导大家追求卓越，追求成效，追求创新。

7. 企业文化具有规范和约束的功能

企业文化属于人的思想范畴，是人的一种价值理念，是一种内在的约束。它除了各种规章制度的"硬"约束之外，更多的是通过精神、理念和传统等无形因素，对员工形成的"软"约束。而这些"软"约束为员工塑造了企业员工共同的信念和追求，使企业员工产生心理共鸣、心理约束，进而产生对行为的自我控制，自觉地用它来约束、规范自己的言行。

四、企业文化基本价值原则

对现代企业而言，虽然不同的企业价值体系构成存在一定的差异，但是，作为现代企业是否存在基本的共同价值观呢？研究认为，现代企业的价值观是企业的基本价值原则，它是企业文化的精髓，总结起来大概有以下几种。

1. 目标原则

企业应确立明确的目标才能获得其存在的价值，因此，认为目标原则是企业文化价值的基本原则，也是首要原则，只有树立了以目标为中心的企业文化，才表明了企业努力和奋斗的方向。当企业成员了解企业是在为崇高的目标努力，不但可以健全有创造性的策略，而且可以使个人勇于为目标牺牲。

企业是目标，是激励的来源，企业需要通过目标来激励和领导雇员。因此，企业要注意创造和运用目标，并对崇高的目标加以承认和宣传，用崇高的目标沟通上下的思想，使企业人员致力于尊严的目标，并从中得到满足。

2. 共识原则

共识观念是相对于传统的指挥而言。在现代企业组织中，企业的成功与否，要看它能否聚集大家的创意，是否能够激发雇员和管理者共同从事创造性思考。因此，这就要求现代的管理人员必须在观念上变指挥为共识。

3. 一体原则

在现在企业中不能够把管理阶层和劳工阶层划分明确，有竞争力的企业应使雇员充分参与到工作场所的一切活动，充分参与制定决策，使他们觉得与工作场所合一，并拥有他们的工作。

4. 卓越原则

卓越并非一种成就，而是一种精神。卓越精神是企业的生命和灵魂。卓越原则是指企业不应满足现状，而应树立"永不满足"的思想，不断追求卓越的行为。

5. 成效原则

在企业奖罚制度中行使对成效加以奖励。这就要求企业不断使发展生产力，改变依据权利分配奖赏的价值观。

6. 实证原则

企业的各阶层都应该应用科学的态度进行思考和工作，重视数字统计、实证分析的价值。卓越的组织领导者，一方面会采取理性行动倾向，学会分析资料，适时正确采取行动；另一方面必须建立重视思考的文化，因为思考素质的改善，能增强企业的竞争地位，决定一家企业的长期生存能力。

7. 正直原则

正直就是诚实，以负责人的态度采取某种行动。正直的人或组织，能够得到信任，有了信任就有了安全感。正直的原则决不能打折扣，这是现代领导者不可缺少的品质。

不正直就谈不上是好领导。每个领导都需要跟随者，跟随是一种行为也是对领导的一种信任。正直是领导的必需品质，因为它是一种力量，能鼓舞别人，可以满足跟随者的需要。最佳的领导就是能激发人们的潜能，去追求更多的目标，但只有领导者和被领导者相互信任才能实现这种领导。

五、企业文化的建设

任何企业文化的确立都不是一个层面的，它包括有多个层次。从表观到内在主要有物质层、制度层和精神层。

（1）物质层就是企业创造的物质文化，是形成精神层和制度层的条件，包括厂容、企业标志、厂歌和文化传播网络。

（2）制度层是指企业制定的各种规章制度对员工的行为产生规范性的约束。

（3）精神层是企业文化的精髓，是由物质层和制度层升华而来的，它是企业中所有员工共同信守的基本信念、价值标准、职业道德及精神风貌。

企业文化主要从以上三个层次来进行建立。在企业文化的建立过程中，员工的个人利益和企业利益是通过企业的效益联系在一起的。在企业中，如果存在员工不关心企业利益，工作没有积极性，没有动力，对领导缺乏信任，不积极地为企业发展出谋划策的情况，这个不一定是员工的问题，很大可能是企业的问题。他没有把员工的利益和企业的利益联系在一起，对员工没有长远的职业规划，没有积极的激励措施，企业的发展没有得到员工的支持。因此，在企业方面，优秀的企业文化对企业的发展具有促进作用。

六、树立以目标为中心的企业文化

1. 目标的概念

目标是个人、部门或整个组织所期望的成果。它具有主观性，是指在头脑中形成的一种主观意识形态。它具有现实性，是说明目标具有可实现的意义，它和理想具有不同的意义。在企业文化中，企业的价值趋向、目标原则是第一原则，因此，树立目标是企业文化的重点。

管理心理学认为，人类的行为在具有目的时，才能激发人的工作积极性。曾有心理学家做过这样的试验：试验者让工人们在地上挖坑，每个坑深约为 9 m，挖好后让工人们填平，然后再挖一个，这样重复多次，终于引起工人们的厌烦，但当告知他们说，这样做是在帮助寻找一根很重要的管道时，工人们又情绪高涨地开始工作了。这个试验表明，人的积极性的发挥首先要以明确而有意义的目标为前提。

2. 目标管理企业文化的基本模式

实施目标管理的基本过程可以分为确定总体目标、目标分解、组织实施、目标的评定与考核四个步骤。

（1）确定总体目标。企业的总体目标代表企业的发展方向和要求，应具有先进性和可行性。目标的先进性具体表现为确定总体目标时，既要考虑市场的现有需求，也要考虑市场的潜在需求。目标的可行性要求制定目标必须从企业的实际出发，同时又体现企业发展的要求。企业的目标应是多方面的，既有营销方面的，也有生产、管理、技术、社会责任、员工素质等其他方面，多个目标中应有主次之分。应当指出，有少数企业只有赢利目标而没有其他目标，这是十分危险的，也是注定要失败的。因为过分强调赢利目标，会使我们过多地考虑眼前利益而忽视了长远利益。

（2）目标分解。目标分解是制定企业目标体系的第二步。

1）目标要明确。为此应尽量使目标定量化，确保目标考核的可行性和准确性。

2）目标要系统。企业总目标要系统展开，直到可操作的层次，落实到具体工作岗位。

3）目标要平衡。要兼顾短期目标与长期目标的平衡，要兼顾各方利益，使生产、销售、投资、税收、质量、工资及福利等各种目标平衡，还要注意组织内部相关各系统的目标平衡。

4）目标制定要充分协商。上级主管根据情况初步拟定本组织目标以后，要和下属充分协商，在仔细征求意见的基础上拟定出先进合理、协调一致的分解目标。

科学、合理的目标分解是形成有效的目标管理体系的前提和基础，是保证企业良好运行的关键。目标分解的基本顺序是：先将总目标分解为各部门的分目标，再将各部门的分目标分解为每一个下属的目标。在目标分解过程中，应注意分目标是实现总目标的手段，分目标应能保证和总目标在时间上的协调和平衡。目标的分解通常需要高层管理者向下属解释组织的总体目标，由管理者与下属共同确定分目标。在确定下一层次的目标时，具体目标应由下属人员自己确定。因为下属人员自己确定目标，就会对自己所承诺的目标负责，能够信守自己的目标并努力去完成。

（3）组织实施。目标的组织和实施是企业实行目标管理的核心内容，是组织或个人完成目标的阶段。

第一，为目标的实现创造良好的工作环境，保证企业在目标责任明确的前提下形成团结互助的工作氛围。要做好资金、设备、材料等资源的准备工作，做好人员的配备及必要的培训，要使每一个员工都明确自己的目标，领会目标管理的精神实质。

第二，充分发挥职工自我控制的能力，同时将领导的充分信任与完善的自检制度相结合，保证企业具有进行自我控制调整的积极性和制度保障。各级管理者要努力为下属人员完成目标创造条件，要及时帮助他们解决工作中出现的困难和问题，协调好各种矛盾和冲突。

第三，要建立目标管理责任制，根据任务需要进行授权，把目标管理与责任制结合起来，实现责、权、利的有机结合，这是目标管理顺利实施的重要保证。

第四，保证信息及反馈渠道的畅通，以便及时发现问题，采取措施，必要时适当修正目标。

（4）目标的评定与考核。为了保证目标的实现，管理者应建立必要的检查和反馈制

组建公司流程概述

度,对各分目标完成的数量、质量及存在的问题应及时进行了解和反馈,并根据信息反馈情况,对整个目标体系进行认真的检查和评价,如果存在偏差或遗漏,则及时进行修订和补充。对于最终结果,应当根据目标进行评价,并根据评价结果进行奖惩。

第一,坚持标准,严格考核,采用科学方法,上下结合,使考核结果有说服力。考核评定目标实施结果,是承认、区别部门和个人绩效、贡献的过程,对于调动员工积极性,改进管理工作有极其重要的意义,因而要严肃、认真地进行。

第二,实事求是,**重在总结**。考核、评定工作,不仅是肯定成绩、区分功过,更是分析总结,改进工作。在考核评定过程中,要认真分析主观原因和客观原因,总结经验教训,为下一轮目标管理创造有利条件。

第三,奖惩结合,鼓励为主。只有奖惩分明,才能鼓励先进,鞭策后进,因此,考核评定必须伴之以奖惩。但目标管理的指导思想是人们愿意承担责任和有所成就,倡导自我控制、自我评价、自我鞭策,因而坚持对先进给予肯定表扬,对后进重在帮助分析原因,制订改进措施,而不是重惩。

3. 为什么要树立以目标为中心的企业文化

管理专家彼得·德鲁克1954年在其名著《管理的实践》中最先提出目标管理概念。德鲁克认为,并不是有了工作才有目标,而是相反,有了目标才能确定每个人的工作。

所谓目标型企业文化是指以企业目标为核心和统帅的企业文化,"以目标为中心"作为一种商业模式,是一种激励员工完成工作任务的管理机制。所以,企业的使命和任务必须转化为目标,如果一个领域没有目标,这个领域的工作必然被忽视。企业各级领导者对下属人员的领导,不是简单地依靠行政命令强迫他们去工作,而是运用激励理论,引导职工自己制定工作目标,自主进行自我控制,自觉采取措施完成目标,自动进行自我评价。

目标管理可通过诱导启发职工自觉地去工作,其最大特征是通过激发员工的生产潜能,提高员工的效率来促进企业总体目标的实现,实现企业的稳定发展。

4. 目标型企业文化的特点

目标型企业文化除具有企业文化的一般特征外,还具有不同于其他企业文化的一些特殊特征。它的鲜明特征使更多企业在企业目标上做文章,围绕企业目标进行文化建设,它具有以下几个特点及作用:

(1)整合作用。整合作用是使职工达到思想行为的协调统一。在追求企业目标中,企业职工的思想、作风、信念等必须趋向等同。产生共同的企业信念和企业理想,这有利于企业目标的实现。

(2)导向作用。目标型企业文化具有较强的导向作用,从实践角度看,企业目标和由此产生的企业文化,本身就是一种导向。从价值文化角度看,追求的目标不同必然导致不同的价值趋向。

（3）凝聚作用。目标型企业文化能产生加强的凝聚力，使个体通过对群体事业的参与，利用种种措施来释放自身的能量，发挥聪明才智，为企业目标的实现而拼搏。

（4）规范作用。目标性企业文化促使员工的行动为企业着想，为实现企业的目标而努力。

（5）激励作用。企业目标极大地激发职工的主人翁责任感，使每个职工在追求需求中不断前行，增强职工的献身精神。

5. 加强以目标为中心的企业文化建设

目前，企业目标建设引起了一些企业的重视，在实践中也取得了一定的经验，但是还在探索阶段。加强以目标为中心的企业文化建设应注意以下几个方面：

（1）全面、正确地理解企业目标。社会主义企业目标不单单指企业的生产值、利税等指标，而应该包括物质文明和精神文明建设内容。企业目标决不能只是完成任务，也不能只是为了赚钱，而要生产广受人们欢迎的物美价廉的产品和提供优质服务。

（2）发挥领导的示范作用。企业领导者本身的素质和精神状态，对企业目标的实现，对目标型企业文化的建立有至关重要的影响，因此，企业领导者应该成为目标型企业文化建立的倡导者和模范实践者。领导示范作用还表现在对目标型企业文化的高度认识，要自觉地把目标型企业文化的建立置于企业生产经营活动的先导地位。

（3）目标型企业文化的建设必须把重点放在"人"这个基础上，要用教育、启迪、熏陶、吸引的方式，培养并逐步形成职工的价值观、行为准则、道德规范，提高职工的业务和文化素质。同时要发扬社会民主主义，使决策管理民主化，使职工主动参与到企业的各项改革、发展战略计划、重要的规章制度和措施的建立，鼓励他们主动提出各种建议，使他们切身感受到是企业的主人。

（4）重视和发挥企业内各群众团体的作用。企业目标的实现和目标型企业文化的建立，不能只靠行政和党组织执行，应更多地依靠群众自己的组织去进行，同时要注重职工个人的素质、专长，把他们放在合适的位置上，人尽其才，使他们在各自的岗位上作出最大的贡献。

（5）不断改善职工物质文化生活。企业应该把满足职工物质和文化生活的正当需要和企业的目标结合起来，以便更有效地调动他们的积极性，促进企业目标的实现。

第二节 组建职能部门

公司是由各个职能部门组合而成的，职能部门的划分直接影响公司的体制，进而影响公司的经营活动。因此，我们需要了解公司组织中需要设立哪些部门，这些部门有什么样的职责以及部门之间的相互关系。

组建公司流程概述

一、职能部门的概念

职能部门组织结构形式是企业一种传统的组织结构类型，职能组织是从泰勒的"职能工长制"演变而来的。其基本特点是采用按职能实行专业分工的办法来代替传统的直线结构的全能式管理者，它是在各级领导者之下设置按专业分工的职能机构与职能人员，如生产、设计、财务、销售、供应等，并授予相应的职权。这些职能机构或者专业管理人员，在协助领导人工作的同时，又在各自的范围内有权向下级单位或人员发布命令和下达指示，下级执行者既服从上级领导的指挥，又听从上级各职能机构或人员的指挥，实行的是多领导的上下级关系。

按职能划分部门是部门划分采用的最普遍方法，其是根据生产专业化原则，以工作或任务的性质为基础来划分部门的，并按照这些工作或任务在组织中的重要部分，分为基本的主要职能部门和派生的次要职能部门。基本的职能部门处于组织机构的首要一级，当基本的职能部门的主管人员感到管理幅度太大，影响管理效率时，就可将本部门任务细分，从而建立从属的派生职能部门。

职能部门的设置遵循了分工和专业化原则，有利于充分调动和发挥企业员工的专业职能，有利于培养和训练专门人才，提高企业各部门的工作效率，加强上层控制手段，有利于目标的实现。

二、职能部门组建的原则

企业所处的环境，采用的技术、制订的策略、发展的规模不同，所需要设置的职能部门及职能部门之间的相互关系也不同，但是任何组织在进行机构和结构的设计时，都需要遵守一些共同的原则。

1. 任务目标原则

组织部门的组建要服从于每一项工作的任务和目标，尤其是价值链上的目标，体现以设计为目标服务的宗旨。

2. 分工协作原则

一家现代企业无论设置多少个部门，每一个部门都不可能承担企业所有的工作。企业部门之间应该是分工协作的关系，也就是说企业中有管财务的，有管人力资源的，有做后勤保障的，还有主导业务流程中各个环节的部门。因此，把握好分工协作原则对于现代企业来说至关重要。

3. 统一指挥原则

除位于组织金字塔顶部的最高行政指挥外，组织中的所有其他成员在工作中都会受到来自上级行政部门或负责人的命令，根据上级的指令开始或结束、进行或调整、修正或废止自己的工作。但是，一个下属如果同时接受两个上司的指导，而这些上司的指导并不一定总是保持一致的话，那么就会造成他的工作混乱。如果两位上司的命令相互矛盾，下属便会感到无所适从。这时，下属无论依照谁的指令行事，都可能受到另一位上司的指责。当然，如果下属够聪明的话，且具有足够胆识的话，他还可以利用一位上司的命令去影响另一位上司的指示，不采取任何执行行动。这显然也给整个组织带来危害。"统一指挥原则"必须是任何组织成员只能接受一个上司的领导。

4. 合理管理幅度原则

每一个部门、每一位领导人都要有合理的管理幅度。管理幅度太大，无暇顾及；管理幅度太小，可能没有完全发挥作用。所以，在职能部门结构设计时，要制订合理恰当的管理幅度。

5. 责权对等原则

组织中每个部门和职务都必须完成规定的工作，而为了从事一定的活动，都需要利用一定的人、财、物等资源。因此，为了保证部门能够完成相应的责任，就应该使其拥有相应的权力。没有明确的权利，或是权利范围小于工作的要求，可能使责任无法履行、任务无法完成。当然，对等的权利也就意味着赋予某个部门或岗位的权利不能超过其应负的职责。权利大于工作的要求，虽能保证任务完成，但会导致不负责任的滥用，甚至危害整个组织的运行。所以责和权应该对等。

6. 集权和分权原则

在整个职能部门结构设计时，权力的集中与分散应该适度。集权和分权控制在合适的水平上，既不影响工作效率，又不影响积极性。

7. 执行部门与监督部门分设原则

例如，财务部负责日常财务管理、成本核算，审计部专门监督财务部。应分设执行部门和监督部门，也就是通常所说的不能既当裁判员又当运动员。

8. 协调有效原则

组织方案的设计应遵循协调有效的原则，而不应在执行组织设计方案之后，部门之间无法相互监督控制，或者一旦出现这一现象，运营机制效率低下，就说明组织方案设计没有遵循协调有效原则。

三、职能部门组建的影响因素分析

划分职能部门是为了确保组织目标的实现。组织的目标不同，为实现目标所进行的活动不同，活动的环境和条件不同，企业就需要设立不同的岗位，这些岗位又在不同的

组建公司流程概述

部门，这些部门之间的相互关系也必然表现不同的特征，从而成为影响企业经营活动，影响职能部门划分的主要因素。

1. 外部环境对企业职能部门划分的影响

广义上讲，企业外部存在的一切都是企业环境。因此可将其定义为：存在企业组织边界之外，并对企业组织具有潜在直接影响的所有因素。这些因素可以分为两个层次，即任务环境和一般环境。任务环境是指作用于对组织实现其目标具有直接影响力的部门。如顾客供应商、竞争对手、投资和金融机构、工会组织、行业协会和政府机构等。一般环境是指那些对企业产出影响的经济、技术、政治、法律、社会、文化和自然资源等要素。

不确定性是企业外部环境的主要特点，这一特点使企业决策者很难掌握足够的关于环境因素的信息，很难预测外部环境变化并据此采取措施。因此，环境复杂程度越高，组织就要设置更多的职位和部门来负责对外联系，并配合更多的人员来协调工作。

外部环境的这些特点对企业职能部门设置的影响主要有以下三个方面：

（1）对职务和部门设计的影响。企业组织是社会经济大系统中的一个子系统，组织与其他社会子系统存在分工，分工不同则组织内容不同，从而所需要设置的职位和部门也就不一样。

（2）对各部门关系的影响。环境不同，组织中各部门完成任务的难易程度也不一样，在市场经济体制中，当供不应求时，企业关心的是如何增加产量，扩大生产规模，提升企业产值。而当供过于求时，销售部门职能应该得到强化，而成为组织的中心。

（3）对组织结构总体特征的影响。外部环境是否稳定对组织结构要求也是不一样的。当外部环境稳定时，在稳定中经营，则设计出机械式的稳定管理模式，各职能部门之间职责划分明确，组织结构严密。但在多变的环境中就要求组织结构灵活，各职能部门之间经常要作适应性的调整。

2. 经营战略对职能部门划分的影响

职能部门的划分必须服从组织结构所选择的战略要求，适应战略要求的职能部门的划分，为组织目标的实现提供必要的前提。战略是实现目标的各种行动方案、方针和方向选择的总称。为实现同一目标，组织可在多种战略中进行挑选。战略的类型不同，企业活动的重点不同，职能部门结构的选择有异。

（1）从企业经营领域的宽窄来看，经营战略可以分为单一经营战略和多种经营战略。单一经营战略模式通常可采用集权组织模式，而随着企业的发展，提供多种产品扩展到新的市场，集权层组织也会随之发展为分权的结构。

（2）按企业对竞争的方式和态度划分，经营战略可分为保守型战略、风险型战略及分析型战略三种。

1）保守型战略模式目标致力保持产品已经取得的市场份额，集中精力改善企业内部条件，提高效率，降低成本。保持生产经营的稳定和提高效率成为企业的主要任务，因此，组织结构一般严格分工，高度的集权控制，具有规范化的章程和制度，信息沟通以纵向为主。

2）选择风险型可能认为环境复杂多变，需求高速增长，市场变化很快，机遇和挑战并存。在职能部门设计上不像保守型那样规范化和以控制为目标，因此，柔性结构便成为这类组织的基本特征。结构特征主要表现在：规范化程度较低，分权控制，计划较粗泛而灵活，高层管理主要由市场营销专家和产品开发研究专家支配，信息沟通以横向为主。

3）分析型战略位于两者之间。它力求在两者之间保持适当的平衡，所以其组织结构的设计兼具刚性和柔性的特征；强调纵向职能，也重视横向项目协调，高层管理层由老产品的生产管理、技术管理等职能部门领导及新产品的事业部领导联合组成，前者代表企业原有阵地；后者代表企业进攻的方向。在部门之间信息传递主要是纵向沟通，在新兴部门之间及其传统部门之间主要为横向沟通。

3. 技术及其变化对职能部门划分的影响

技术是指把企业原材料加工成产品并销售出去的过程中有关的知识、工具和技艺。它不仅包括企业的机器、厂房和工具，也包括知识和技能。因此，在管理过程中主要利用反映企业经营要素在时空上的运动特点与分布状况来计划、组织、协调与控制企业的生产经营活动。信息收集、处理利用相关技术成为管理技术的主要内容。

4. 企业的发展阶段对职能部门划分的影响

企业初始阶段，其职能部门结构层次都比较简单，在逐步向高级阶段发展时，企业可能将一部分通过市场交易的资源通过内部消化来进行交易，这时就要求企业有相应的层级组织来执行行政协调配置资源的功能，因此，企业职能结构层次就可能相应的增加，由简单升为三级或更多级，或者到最后发展为比较高级的企业组织形式如股份制。在企业老化或者走向衰退阶段时，企业可能为了开源节流进行组织结构的调整。

5. 企业规模对职能部门划分的影响

规模是影响组织结构中职能部门划分的一个重要因素，随着企业规模的日益壮大，内容越来越复杂，组织结构的管理正规化要求提高，管理文件越来越多，对部门及部门之间的协调能力要求就越高。

四、常见公司职能部门的划分及职能部门主要工作范围和职责

根据公司的不同性质、公司规模的大小不同，公司职能部门的设置也有所不同。因此，所有的公司都不可能采用统一的职能部门划分方式。但是一家制度完善的公司职能部门的设置是能最大限度地满足公司运作的需要，因此，他们也有很多相似之处。常规公司职能部门的划分如图4.1所示。

组建公司流程概述

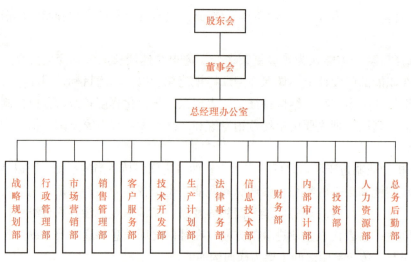

图 4.1 常规公司职能部门的划分

1. 股东会职责

由全体股东组成的股东会（股份有限企业称"股东大会"），是企业的权力机构，依照《中华人民共和国公司法》行使如下职权：

（1）决定公司的经营方针和投资计划；

（2）选举和更换非由职工代表担任的董事、监事，决定有关董事、监事的报酬事项；

（3）审议批准董事会的报告；

（4）审议批准监事会或者监事的报告；

（5）审议批准公司的年度财务预算方案、决算方案；

（6）审议批准公司的利润分配方案和弥补亏损方案；

（7）对公司增加或者减少注册资本作出决议；

（8）对发行公司债券作出决议；

（9）对公司合并、分立、解散、清算或者变更公司形式作出决议；

（10）修改公司章程；

（11）公司章程规定的其他职权。

对前款所列事项股东以书面形式一致表示同意的，可以不召开股东会会议，直接作出决定，并由全体股东在决定文件上签名、盖章。

2. 董事会职责

董事会对股东会负责，主要行使以下职责：

（1）召集股东会会议，并向股东会报告工作；

（2）执行股东会的决议；

（3）决定公司的经营计划和投资方案；

（4）制订公司的年度财务预算方案、决算方案；

（5）制订公司的利润分配方案和弥补亏损方案；

（6）制订公司增加或者减少注册资本以及发行公司债券的方案；

（7）制订公司合并、分立、解散或者变更公司形式的方案；

（8）决定公司内部管理机构的设置；

（9）决定聘任或者解聘公司经理及其报酬事项，并根据经理的提名决定聘任或者解聘公司副经理、财务负责人及其报酬事项；

（10）制定公司的基本管理制度；

（11）公司章程规定的其他职权。

3. 总经理办公室职责

协助总经理及各位总监的工作、服务基层的总经理办公室，既有协调左右、联系内外，又有研究政策、辅佐领导决策的参谋作用。直属上级为总经理，下设事务科、文秘科、基建科、档案科等。部门职责如下：

（1）协助总经理对各部门工作和对日常事务进行综合、协调。

（2）根据企业领导意见，负责召集企业办公会议及有关会议，做好会议记录，整理会议纪要，安排归档工作，并对会议决议的贯彻实施进行检查督促。

（3）负责企业年度综合性资料的汇总，并负责企业年度总结、工作计划和其他综合性文稿的草拟，编写总经理发言稿及审核其他以企业名义发言的文稿。

（4）组织拟定、修改和编写企业通用管理标准规章制度，协助参与拟定、讨论、修改专用管理标准及管理制度。

（5）协助拟定企业发展规划、编制年度经营计划和讨论企业重大决策事项。

（6）对经济发展趋势和行业发展趋势信息进行收集、整理、研究，并向总经理及各位总监报告研究成果，供决策使用。

（7）及时对各部门的工作动态进行收集和了解，掌握全企业主要活动情况，协助总经理的业务工作，编写企业年度大事记。

（8）定期组织企业经济形势研讨会和行业经济形势研讨会。

（9）做好企业的宣传报道事务。

（10）做好重要会议的组织、会务工作和企业来宾的接待事宜。

（11）负责收发企业信件和管理企业的印鉴、文印以及订阅、分发报刊。

（12）完成总经理、总监安排的其他任务。

4. 战略规划部职责

战略规划部，协助企业高层制定公司最高战略和行政规划，不仅具有收集信息、调研市场的作用，而且能够在企业内部上传下达。战略规划部还能够横向协调企业重大跨部门协作项目的进展，避免跨部门合作的不畅通。直属上级为总经理，下不设常规部门，但在启动特别项目时，将以辅助性部门或者直接以项目负责部门的身份进行管理与协调。部门职责如下：

（1）参与企业发展规划，并对规划方案提出意见和建议。
（2）下达实施经审议批准的发展规划方案的决议。
（3）制定企业经营战略，并报总经理办公室批准后实施。
（4）建设企业文化。
（5）规划企业形象。
（6）配合营销中心实施营销企划、广告企划、促销企划和服务企划。
（7）配合技术开发部实施产品企划。
（8）实施CI策划并制作CI手册。
（9）其他相关职责。

5. 行政管理部职责

行政管理部是协调企业各职能部门的部门。行政管理部受行政总监领导，直接向行政总监报告工作，下设档案科、公共关系科、员工关系科、行政管理科等。部门职责如下：

（1）协调各职能部门关系。
（2）管理企业资料、信息等，沟通内外和上下联系。
（3）建立各项规章制度并检查实施情况，促使各项工作规范化。
（4）对企业会议内容进行组织、记录及记录归档。
（5）对企业各类档案等进行整理、归档、保管和借阅。
（6）管理企业证照、印章。
（7）办理员工就业证、暂住证等事宜。
（8）管理员工福利，包括研究、制定、修订员工福利制度，并经批准后实施，办理福利事项，总结、分析和改进福利工作，制定及办理退休、抚恤制度。
（9）制定员工保健规章，实施定期保健体检，选择和联络特约或定点医院及办理工伤事故等员工保健管理工作。
（10）有效控制文件与资料，对文件和资料进行登记、编号、汇编、发行、保管、维护等。
（11）拟定企业发文制度及行文程序，并对此进行监督实施。
（12）发放企业文件。
（13）维护和改善企业公共关系，包括建立和维护内部公共关系以及建立和维护与政府、同行、社区、新闻等外部公共关系。
（14）处理企业过期文件。

6. 市场营销部职责

市场营销部注重从产品战略角度研究市场、制订方案，为企业销售目标的实现提供帮助。其不仅要解决从市场调研到产品开发、上市和反馈分析，还要解决促销、渠道、定价等问题，具有商品营销、市场调研、生产与供应、创造市场要求和协调平衡公共关系五大职能。营销部受营销总监领导，直接向营销总监报告工作，下设市场营销活动管理科、市场调研科、品牌推广科、媒体投放科等。部门职责如下：

（1）围绕企业销售目标拟定市场开发计划。
（2）对营销信息库进行建立和维护。
（3）分析现有市场、预测未来市场。
（4）调研市场通路。
（5）分析与监控竞争对手。
（6）调查消费者心理和行为。
（7）预测消费趋势，制订相应的解决方案，引导消费。
（8）推广企业品牌。
（9）配合企划部制订产品、形象、营销、促销等企划案，并与销售部、客户部共同实施。
（10）分析现有产品并预测新产品市场。
（11）为企业新产品开发提供市场资料。
（12）其他相关职责。

7. 销售管理部职责

销售管理部负责将企业产品或服务推向市场，并最终使产品或服务能够为顾客或客户所购买，具有促销管理、渠道管理、分销体系管理、客户服务等多项职能。销售管理部受营销总监领导，直接向营销总监报告工作，下设销售计划管理科、渠道/分销体系拓展科、各区域管理机构、促销活动执行科等。部门职责如下：

（1）针对企业的销售目标拟定营销计划和策略。
（2）根据企业回款制度，催收或结算货款。
（3）制订年度销售计划，分解并实施目标。
（4）开拓与合理布局营销网络。
（5）管理、指导、监督区域分支机构正常运作，考核各驻外办事处的业绩。
（6）控制产成品存量，提高存货周转率。
（7）研究销售人员的需求，培训销售人员的营销技能，充分调动其积极性。
（8）参与实施促销方案。
（9）收集销售信息进行收集，并向市场部反馈。
（10）受理退货。
（11）其他相关职责。

8. 客户服务部职责

客户服务部是与财务部的账务核对、销售部的储运跟踪以及市场部的营销管理三部分职能相关，从中统一协调的综合协助部门，必须建立与客户的良好合作关系，为企业销售目标的实现提供帮助。对外，它是企业连接客户日常工作的主要端口，负责储运联系、跟踪、新产品信息传递以及与客户核对账务，与客户和销售人员进行密集沟通和信息收集、传播等服务性工作，是一个责任制的服务型角色；对内，它是承接客户和销售人员委托，协调和连接销售、财务、市场三大职能部门的主要力量。客户服务部受营销总监领导，直接向营销总监报告工作，下设客户信息管理科、客户分析科、客户投诉受理科等。部门职责如下：

（1）针对企业销售目标，拟定客户开发计划。
（2）分析并调查客户行为与信用。
（3）建立与维护客户资料库。
（4）提供售后咨询与服务。
（5）策划并组织客户访问与联谊。
（6）调查客户需求。
（7）受理客户投诉。
（8）管理经销商和代理商。
（9）开发新客户。
（10）收集客户信息，并向市场部反馈。
（11）其他相关职责。

9. 技术开发部职责

技术开发部负责对企业产品实行技术指导、制定技术标准、规范工艺流程、抓好技术管理、实施技术监督和协调，行使对企业新产品开发研究、技术引进、新技术推广应用、技术指导与监督等全过程的管理权限，并承担执行企业规章制度、管理规程及工作指令的义务。技术开发部受生产总监领导，直接向生产总监报告工作。下设产品技术开发科、产品技术研究科、产品技术改善科、包装设计科等。部门职责如下：

（1）开发、引进新产品及设计产品工艺，不断更新和扩大产品品种。
（2）研究与改进现有产品的设计。
（3）制定和修订成本定额、标准工时和标准用料；制定和修订订单标准用量，实现产品的规范化管理。
（4）研究与保管客户原样蓝图，认真做好技术资料、技术图样的归档工作。
（5）指导、处理、协调和解决产品出现的技术问题，确保经营工作的正常进行。
（6）搜集整理国内外产品发展信息，把握产品发展方向。
（7）编制企业技术开发计划，培养技术管理人才，管理技术队伍。
（8）设计与改进工艺流程。
（9）控制样品制造进度。
（10）负责新产品使用说明与使用跟踪。
（11）协助企划部做好产品企划，并参与制订产品推广方案。
（12）设计、改进、策划与推行一线工人作业方法。

（13）组织和编制企业技术发展规划。编制近期技术改进工作计划、长远技术发展和技术措施规划，并组织对计划、规划的拟定、修改、补充、实施等一系列技术组织和管理工作。

（14）制定和修改技术规程，编制产品的使用、维修和技术安全等有关的技术规定。

（15）组织评价技术成果及技术经济效益。

（16）协助财务部实施定额考核。

（17）布置工厂和生产线。

（18）其他相关职责。

10. 生产计划部职责

生产计划部是计划并实施企业生产安排，保证企业完成生产总量的部门。生产计划部受生产总监领导，直接向生产总监报告工作，下设生产现场管理科、生产计划管理科、生产工艺管理科、质量控制检验科等。部门职责如下：

（1）调配生产任务，审核、登记和分发订单。

（2）制订和实施生产日程计划。

（3）检查生产计划和控制进度。

（4）组织制订生产计划，并经批准后实施。

（5）受理、分析生产报表。

（6）管理与改进生产效率。

（7）改进生产制造方法。

（8）控制与管理生产预算。

（9）实施标准生产作业方法。

（10）控制生产成本。

（11）管理生产现场与财产。

（12）管理与控制用料。

（13）控制、自检产品质量。

（14）协调各个生产制造分企业的工作。

（15）检查安全生产，处理安全事故。

（16）与营销各部门沟通、联系、协调。

（17）统计生产负荷和调度产销平衡。

（18）其他相关职责。

11. 法律事务部职责

法律事务部是为企业提供法律服务，防范与控制法律风险的部门。法律事务部受行政总监领导，直接向行政总监报告工作，下设法务咨询科、合同管理科、法律风险防范（法律事务培训）科等。部门职责如下：

(1) 登记备案各类合同文书，管理企业合同。
(2) 法律评审企业的大额经济合同和建设工程项目投标书。
(3) 解答企业各职能部门及分企业的法律咨询，为企业的重要经营管理举措提供法律意见。
(4) 联系企业领导及各职能部门评审会签建设工程项目的标书和合同文本。
(5) 防范、控制建设工程合同履行中的法律风险。
(6) 联系并协助企业签约律师事务所处理相关事务。
(7) 组织企业内部法律培训工作。
(8) 经授权派员代理企业进行诉讼、仲裁等法务工作。
(9) 组织实施清欠对移交至本部的拖欠工程款的工作。
(10) 负责企业交办的其他法律事务。
(11) 其他相关职责。

12. 信息技术部职责

作为企业信息技术工作归口管理单位的信息技术部，负责整个企业信息系统规划、系统建设和管理，指导分企业、营业部，加强信息系统建设、优化和安全管理。信息技术部受行政总监领导，直接向行政总监汇报工作。根据需要，信息技术部可下设四个职能科室，即系统开发科、交易技术科、综合管理科和电子商务科。部门职责如下：

(1) 制定并组织实施与信息系统相关的规章制度。
(2) 编制并组织实施企业信息系统建设的总体规划。
(3) 依据企业业务发展的目标与计划，制订并组织实施信息技术工作计划。
(4) 统一归口管理企业信息技术人员，任命分企业、营业部信息技术负责人及聘用分企业信息技术人员。
(5) 培训及考核企业信息技术人员。
(6) 大宗集中采购企业信息技术软件系统及硬件设备。
(7) 审核企业信息技术硬件设备的购置、报废计划和方案。
(8) 统一开发与购买企业信息技术软件系统。
(9) 保障企业信息系统安全运行，为营业部提供技术支持与服务。
(10) 备份管理企业交易业务数据及其他重要数据。
(11) 管理企业各类信息技术文档、资料。
(12) 定期专项检查与考评营业部的信息系统管理工作。
(13) 监督和指导分支机构信息技术部工作。
(14) 跟踪信息技术的发展，及时、合理地推广各类新技术。
(15) 建立与维护企业主页与门户网站。
(16) 其他相关职责。

13. 财务部职责

主管财务工作的财务部，其主要任务是根据国家有关财经工作的法律、法规、政策和企业发展战略，认真搞好财务管理，周密计划，仔细运筹，合理收支，准确核算，及时分析，严格监管，确保企业资产和财产的效益和安全，保证各项工作的正常进行和不断发展。财务部受财务总监领导，直接向财务总监汇报工作。其下设预算管理科、资金管理科、财务分析科和税务管理科等。部门职责如下：

（1）财务管理。

1）制定与调整修订财务定额、费用开支标准。

2）拟定并执行企业各项财务管理制度。

3）制订、分解和落实财务预算和各项财务计划。

4）参与内部价格的制定。

5）制定与实施内部控制制度。

6）调度与配置资金。

7）控制财务活动，保障财务计划的执行和完成。

8）控制与管理成本。

9）筹划税收。

10）考核与奖惩财务。

11）其他相关职责。

（2）会计核算。

1）拟定和执行会计核算制度。

2）核算会计、编制报表和分析报表。

3）负责现金的存、取、转、结等日常管理。

4）填制企业一级核算单位（总部）会计核算凭证，审核、编制日常账务处理的报表，结算企业内部的业务。

5）指导和监督企业二级核算单位（分厂、各办事处）会计核算业务。

6）编制与报送部门报表进行审核，企业汇总报表。

7）定期分析财务报表。

8）其他相关职责。

（3）计划统计管理。

1）拟定和执行企业计划统计制度。

2）日常统计、统计分析与统计预测，提供统计报表、统计分析报告和统计预测报告。

3）编报对外统计报表。

4）制定和调整定额。

5）预测企业生产经营状况。

6）提出、修改和制订企业的经营目标。

7) 编制企业经营预算。
8) 制订、分解和执行监督企业生产经营计划。

14. 内部审计部职责

内部审计部是依法对股份企业所属的分企业、各处室以及驻外办事处的财务收支和有关经济活动或经营管理进行监督、检查与评价的部门。内部审计部受企业最高管理者领导，甚至由董事会直接领导。其下设内部流程审计科、内部审计制度制定科、外部审计协调科等。部门职责如下：

（1）实施内部审计。
（2）拟定和执行企业审计制度。
（3）负责检查企业各部门和人员的经济问题，并提出检查报告书和处理意见。
（4）协助外部审计部门和审计机构的审计工作。
（5）负责对企业各部门进行日常业务的流程性审计和财务等结果性监督。
（6）宣传审计法规。
（7）其他相关职责。

15. 投资部职责

投资部是企业负责可调配资金投资管理的部门，负责为企业进行资产增值，合理规划企业的资产组合。投资部受财务总监领导，直接向财务总监汇报工作。其下设投资分析科、投资风险防范科等。部门职责如下：

（1）拟定企业各项投资管理制度，并经批准后实施。
（2）拟定企业股利分配制度，并经批准后实施。
（3）参与分析和论证企业投资项目的可行性。
（4）监管投资。
（5）控制投资风险。
（6）实施已决策的对外投资。
（7）协助财务部规划企业投资。
（8）信息库的建立与维护投资。
（9）其他相关职责。

16. 人力资源部职责

作为企业人力资源的管理部门，负责选拔、配置、开发、考核和培养企业所需的各类人才，制订并实施各项薪酬福利政策及员工职业生涯规划，调动员工积极性，激发员工潜能，并对企业持续长久发展负责。人力资源部受人力资源总监领导，直接向人力资源总监汇报工作。其下设人力资源规划、培训管理、薪酬管理、劳务管理等职能小组。部门职责如下：

（1）人力资源规划管理。

1）制订人力资源计划,并经批准后实施。
2）对企业机构人员编制进行拟定,并经批准后实施。
3）受理、调查和执行增编、缩编等申请。
4）编制人力资源支出预算与控制成本。
（2）人力资源规章制度管理。
1）对人力资源管理制度进行制定、修订、更正和废止。
2）执行经批准的人力资源管理制度。
3）发放、管理人力资源管理制度,并对此进行解释和运用。
4）拟定各单位职责、权限划分原则和方法。
5）拟定各单位职责、权限划分的草案,并经批准后执行。
6）拟定各单位职责权限划分的更改、修正草案,并经批准后实施。
（3）人事管理。
1）拟定新进、在职、临时、兼职人员人事管理办法。
2）分析研究人事管理办法。
3）解释、修正、实施、废止人事管理办法。
4）解决处理人事问题。
5）协调人事关系。
（4）人事档案管理。
1）汇集、整理、存档、调查、分析和研究人事档案。
2）检查、督办人事资料及报表。
3）汇编、转呈和保管人事报表。
4）编写、报批、签办以及编号、核发和存档职务说明书。
5）汇编与管理人事统计资料。
6）调查、分析、研究、记录人事异动。
7）管理劳动合同。
8）对外提供人事资料。
（5）任免迁调管理。
1）录用新进人员。
2）办理新进人员聘用手续及签订合同。
3）编制在职人员迁调计划,并经批准后实施。
4）办理在职人员迁调,下发与登记迁调事项通知。
5）查核、跟踪迁调人员赴任工作情况。
6）办理人员停职、复职及停薪留职等事项。
7）办理人员解聘解雇等事项。
（6）薪酬管理。
1）拟定薪酬制度,并经批准后执行。
2）研究、改进薪酬管理制度和方法。

3）办理薪酬调整事项。

（7）勤务管理。

1）汇编人员请假、勤务资料。

2）登记办理人员请假、勤务事件。

3）负责员工动态管理。

4）负责转办人员辞职手续。

5）负责各种例假、办公时间的通知、变更等事宜。

（8）劳务管理。

1）签订劳动合同。

2）建立和维护劳动关系。

3）拟定、修订、研究和改进劳动安全方针、制度。

（9）考评奖惩管理。

1）实施开展考评工作。

2）研究和拟定考评制度。

3）审核、签办考评结果。

4）研究、修订与改进奖惩制度。

5）分析、报告奖惩情况。

（10）教育培训管理。

1）研究和拟定培训制度。

2）编制与实施培训计划。

3）开展职前培训、进修等工作。

4）开展培训考试，评估培训效果。

17. 总务后勤部职责

总务后勤部是管理企业物资和各类杂务的统筹部门。总务后勤部受行政总监领导，直接向行政总监汇报工作。其下设环境保护科、固定资产管理科、办公安全管理科等。部门职责如下：

（1）办理房产、房屋管理，产权事宜。

（2）维护清洁卫生，管理企业绿化与企业环境。

（3）拟定基本建设规划，并经批准后实施。

（4）负责环境保护与职业健康安全体系运行和认证等相关工作。

（5）管理清洁用品、办公用品、电器配件等的采购与使用。

（6）保障厂区、宿舍财产及员工安全。

（7）维修房屋、道路等。

（8）管理固定资产（机电设备部管理部分除外）与核算实物。

（9）分配宿舍、管理水电等。

（10）负责伙食供应及管理。

（11）安全保卫管理，消防管理，安全检查。
（12）管理公务车。
（13）管理休闲、文化娱乐设施。
（14）管理车辆、人员进出。
（15）处理灾害及其他突发事件。
（16）建立、检查、维护配电系统等。
（17）其他相关职责。

第三节　提高各职能部门的反应速度

进入21世纪以来，随着我国经济稳步快速发展，中央企业逐步融入全球市场竞争，企业管理效率提升成为参与激烈的国际市场竞争的关键因素，也是现代企业管理精细化变革的重要内容。改革开放以来，中央企业改革发展的辉煌成绩有目共睹，其中不乏大批具有战略眼光的企业家在其中起到了关键带动作用，在多年参与国内外市场激烈竞争中，积累了丰富的具有全球视野的高效管理经验和管理规则。

一、企业职能部门运行现状分析

1. 企业职能部门组成一个复杂的网络系统

企业的职能管理体系并不局限于专门行政部门（如市场营销部门），而是以董事长为最高首长、由各个分管经理分工负责、由专门职能部门具体实施和操作，其触角深入到企业的各个部门和分支机构的一个完整系统或网络。该系统承担着企业的全部行政管理工作，推动和保证着企业的技术、生产、财务、销售经营、战略发展等几大块业务的顺利、有效进行和业务相互之间的协调。也就是说，企业的技术、生产、资金、销售经营、发展规划几大块业务的有效开展和协调发展都有赖于高效率、高素质的管理，企业管理者归纳出的"管理出效率、管理出效益、管理出精品、管理出人才"观点同样适合企业职能部门管理工作的指导。而企业的生产可能存在以下特殊性：第一是生产周期长，如建筑产品的体积庞大，生产周期长；第二是生产过程控制困难，每件产品所处的工程地质情况差异性大，生产过程中风险点多且很难全面预防，致使生产过程难以控制；第三是产品的固定性，特别是建筑产品，由于建筑产品修好后就很难进行拆改，如果存在质量和安全问题涉及销毁将会带来极大的人力、财力损失。因此，企业各部门的管理职能就成为一个重要职能。

2. 企业职能部门职业倦怠现象严重

美国临床心理学家弗洛登伯格（Freudenberger）首次提出职业倦怠一词，用来描述职业中的从业人员因工作时间过长、工作量过大和工作满意度过低而导致的一种疲惫不堪的状态。通常来说，职业倦怠是从业者因不能有效缓解由各种因素造成的工作压力，或深感付出与回报不对等而表现出的对所从事职业的消极态度和行为。我国企业职能管理工作中出现的职业倦怠现象普遍且严重，原因有四点：一是企业职能部门的员工很少按照人才市场的择优机制选拔，即使是大学毕业生，也是依靠关系或者为了解决老员工的子女而提供的职位，导致这部分人行事作风傲慢不按规章行事；二是职能部门的工作按照专业化的要求来进行，工作干劲足的领导会将专业化进行到底，不断增加专业管理人员，造成部门机构臃肿，办事程序复杂，最终使职能工作形成了对员工岗位的枷锁，增加了企业员工的负担，工作效果并不出色；三是企业职能部门的工作时效性差，造成职能部门拖沓的办事作风，并且形成积压事情的心理，以便领导在时用加班等形式来表现自己的忙碌；四是员工的职称评定制度或工资管理使得企业员工规划职业生涯的依据明确，而职能部门的员工平均学历低，职称评定相对较难也不受重视，缺乏科学的职业规划，使他们形成对职业的消极态度。

3. 企业职能部门管理缺乏动力机制

有研究指出，管理效率的提高有赖于规则。管理者认为制度和规范是让被管理者做正确的事，程序是教给被管理者正确地做事，以提高效率，降低管理成本。实际上管理关系又是一种人际关系，一种合作伙伴关系，管理效率的提高还取决于被管理者的配合与努力程度。而被管理者配合、努力的程度又取决于管理者进行管理活动时所采取的行为方式或激发被管理者的动力机制。企业的管理者完全是按照规则来建构管理效率的，每个职能部门的规章制度都翔实厚重，办事程序操作规范明晰但烦琐。普通员工很难也很少有精力去理解记忆那些复杂的程序，经常在职能部门都可以听见员工说不清楚程序，那么办事人员就会冷冰冰地告知申请不合格，如何操作自己去看之类的话语。这时，职能部门忽视了管理关系还是一种人际关系，需要被管理者的合作才可以促进事情的完成。

二、以流程管理的思想设计提高企业各职能部门的反应速度

提高反应速度即是提高工作效率，企业的行政管理工作是围绕业务部门的任务完成而提供服务以及行使管理监督职能。因此，流程管理可以对现有工作进行分解并找出关键环节进行重点监控以提高反应速度。提高反应速度归根结底是对人以及人的行为的管理，通过对人的组织、指导和调节，充分调动人的主动性、积极性和创造性，做到人尽其才。

人本原理，就是管理系统要以人为本，其基本含义是说，任何组织和系统的管理，必须以人为中心，注重人的思想、感情和需求，以激发人的主动性和创造性为根本，以调动人的积极性为主要目的。从人本原理的概念出发，有三个含义：首先，人是组织管理的核心，离开人的管理就谈不上管理；其次，人力资源的开发是无限的，管理活动的任务是调动人的能动性、创造性和积极性；最后，管理的手段是通过对人的思想、感情和需求的了解，做好人的思想工作，尊重人的感情，采取各种激励措施，最大限度地调动人的积极性，挖掘人的潜能。

市场竞争的关键是人才的竞争。首先，谁抓住了人力资源开发这一要素，谁就获得了竞争的主动权；其次，从管理效果来看，提高职能部门反应速度是企业的目标。而要达到这一目的，主要取决于各部门主动性、创造性和积极性的发挥。

1. 下放程序化工作的决策权限

无论是设计、生产还是销售管理工作，80%左右的企业工作是例行的，应该以简洁的程序进行行政工作设计并下放决策权限，不能以层层申报、审批作为严格管理的形式，而使得每件事情都复杂化。对于按照一定间隔重复进行的决策，应预先建立制度、规则、程序，并且在执行的过程中严格按照程序办事。不能按照熟人关系和人情去处理事情，这样就会让办事的程序固化并作为执行者行为的标准，将复杂的程序简单化。

2. 程序化的工作网络化、流程化

为了提高办事效率，还要将程序化的工作按照流程管理的思想进行工作流程设计。把审批流程放到网络上进行，只有关键环节才提交纸质稿（需要留下凭证）请上级领导把关控制，为了减少文档管理难度，尽量以电子备份的形式储存审批文件，并以汇总表的形式将流程的审批和执行情况进行汇总。简化过程管理的烦琐程度，以效率为思想设置和审核原有工作的节点，将不重要的环节进行修订甚至取消，让办事的关键环节易掌握、易操作，并按照不同职能部门设置审批时间，实现"人性化服务"。

3. 以员工的监督作为考核评价基础

企业的行政管理是服务于生产、销售的，具体的实施是员工在做。为此，员工对行政管理的评价应该是职能部门考核的重要依据。为了避免员工的片面化、情绪化评价，要将行政工作的内容、标准以及可能出现的意外情况进行公示告知，让评价者建立相对客观的评价标准，对提供行政服务的部门进行随机、常态的监督评价，并将此评价结果纳入年终的考核体系中。

4. 探索和应用新的管理模式

通过研习先进企业成功管理经验，形成一条管理者普遍适用的管理活动效率提升的

战略思维,即"定目标,带团队,立规则,做考评"。

(1)"定目标",即清晰而有效地制定组织运行目标体系。清晰的目标管理是管理者的首要任务,各职能部门管理者必须正确地认识到自己及所在组织在企业整体战略目标体系中的位置,并且将企业战略目标有效地分解为所在组织的目标,以全局视野高度审视和制定组织所面临的任务,这决定了组织运行和团队努力的方向,也是实现全局战略目标的支撑点。

(2)"带团队",即合理而科学地进行人才与组织管理。一切组织目标的实现都是靠人的智慧与主观能动性,一个优秀的人才团队是目标实现的重要因素。高层管理者无须事必躬亲,只要把握准确的人才配置规律,就能发挥出团队合力,这是职能部门反应速度提升的重要环节。人力资源管理,既要分工明确,又要扬长避短,真正创造人才脱颖而出的事业氛围,使人力变为资源。科学的组织管理则要求将专业优势与团队协作有效统一起来,管理者效率的发挥就在于通过有效地发挥团队成员专长,正确协调专业分工与协作,为实现团队目标创造和谐组织氛围。

(3)"立规则",即科学而高效地制定组织运行制度与流程。泰勒的科学管理理论曾是现代企业管理制度的样板,为现代化企业制度化管理开辟了先河。作为一个组织的管理者,效率提升的核心任务之一就是研究组织运行规律,并将其制度化与流程化,以高效指导团队工作,制度保障了空间效率即保障团队合理运行;流程则保证了时间效率即保障团队高效协作。制度科学化与流程合理化,在人力资源培训与使用成本上也同样提高了管理效率。

(4)"做考评",即构建合理而有竞争性的激励制度。无论组织目标制定的如何严密,人力资源如何丰富,流程如何科学高效,我们仍坚信激励措施才是保障管理效率提升的关键保障。出于利益的驱使,在绝大多数管理环境中,人们只会努力去做管理者有绩效考评的工作内容,而作为管理者也会利用这一心理,做管理导向工具,即奖励什么则是提倡什么行为,惩罚什么则是禁止什么行为。而激励程度也会影响管理效率的提升程度。所以,构建合理而科学的奖惩激励制度,同样是管理活动效率提升的核心任务。

5. 构建科学的晋升、激励机制

鉴于有的企业职能部门工作的特殊性以及难以量化的特点使得员工容易形成职业倦怠现象,科学的晋升、激励机制就是改变职业倦怠,保持职能部门员工工作热情和积极性的重要形式。激励机制的建立必须与所服务对象的工作业绩捆绑在一起,这种捆绑不是简单的工作联系,而是要将职能部门所做的工作努力与服务对象的业绩改进或成果获取联系在一起。把年度的考核结果作为晋升的重要依据,将日常工作与职务晋升紧密联系,激励职员注重平时工作的改进和业绩提升。有的企业的人事系统以及晋升机制导致行政管理的低效率,但是科学的管理一定是提升效率的必要手段,结合企业行政管理的复杂性,职能部门缺乏科学的评价机制和利益机制,使得职能部门员工的工作效果认同没有公开公平的渠道,导致职能部门效率低下。而进入21世纪,企业竞争日趋加剧,企业行政部门的管理效率逐渐成为企业竞争力评价的一个重要标准。为此，企业应该按照流程管理的思想设置日常工作机制，下放程序化工作的决策权限。按照流程的思想设定日常工作的程序并实施网络化管理，增加员工的监督权利，辅以科学的激励机制调动职能部门员工的工作热情和积极性。

思考题

1. 简述文化的概念。
2. 简述企业文化的概念。
3. 简述企业文化的特征。
4. 简述企业文化的基本价值原则。
5. 简述目标管理企业文化的基本过程。
6. 简述目标型企业文化的特点。
7. 简述加强目标型企业文化建设的注意事项。
8. 为什么要树立以目标为中心的企业文化？
9. 简述职能部门的概念及组建原则。
10. 职能部门划分的影响因素有哪些？
11. 总经理办公室的职责是什么？
12. 行政管理部的职责是什么？
13. 客户服务部的职责是什么？
14. 法律事务部的职责是什么？
15. 信息技术部的职责是什么？
16. 财务部及审计部的职责分别是什么？
17. 企业职能部门的运行现状如何？
18. 提高职能部门反应速度的措施有哪些？

课后作业

实训目标

掌握拟建公司职能部门设置计划书的编写及常见公司基本职能的设置和常见职能部门的功能。

实训组织

1. 同学分为每3～4人一组，选择需要建立的公司性质做可行性研究分析。
2. 选择自己的适建创业项目。
3. 拟定公司的职能部门并介绍其功能，教师点评。

实训要求

学生编写公司职能部门。

1. 格式：封面、目录、摘要、正文、附录。
2. 内容：企业介绍、行业分析、人员及组织机构的设置、组织机构的职责和权利。

CHAPTER

05

第五章

员工招聘、培训流程与考核

员工招聘、培训流程与考核

通过合理科学的招聘程序，不仅可以招聘到优秀的员工，还可以为招聘工作节约成本。招聘方式方法众多，新员工来源途径是影响员工素质的重要因素。新招聘的员工只有通过系统、完整的培训方可胜任企业的岗位，而培训的方式方法选择正确与否将直接决定该次培训的最终效果。只有为员工定位合适的薪酬待遇，方可用最小的成本留住人才。薪酬不仅仅是直接的酬金，员工的晋升空间、继续教育、福利等也是员工非常看重的"薪酬"。

第一节 科学招聘员工

一、招聘概述

1. 招聘及其意义

招聘即面向组织外部征集应聘者以获取人力资源的过程，这是组织根据自身发展的需要，向外界发布招聘信息，并对应聘者进行有关的测试、考核、评定及一定时期的试用，综合考虑其各方面条件之后决定企业的聘用对象的常用方式。

招聘是补充员工的主要渠道，是企业增加新鲜血液、兴旺发达的标志之一，它对企业的人力资源管理具有重要的意义。

（1）招聘工作在企业的人力资源管理中占有首要地位。企业若要持续发展，就必须保持人力资源的供给，因为企业在发展的任何时期都会需要不同类型、不同数量的人才。只有进行有效的人力资源的招聘才能充分满足企业发展对人力资源的需要。同时，招聘工作的质量直接影响企业人才引进质量，它是人力资源管理的第一关口。

（2）招聘人才的结果影响着企业今后的发展。招聘的结果表现为企业是否获得所需要的优秀人才，而人才是企业发展的第一要素。现代社会竞争的制高点是人才的竞争，只有拥有高素质的人才，企业才能繁荣昌盛，才能在竞争中立于不败之地。

（3）招聘工作是一项树立企业形象的对外公关活动。招聘时，企业可以利用电视、报纸、广播、网站等媒体开展招聘活动，不但可以使企业招到所需要的人才，也可以在一定程度上宣传企业、树立企业良好的形象。

（4）招聘工作的质量将影响企业人员的稳定性。每个企业都希望自己的员工队伍尽可能地稳定，以免很高的人员流动率使企业经济活动蒙受难以估计的损失。一个有效的招聘系统将使企业获得能胜任工作并对所从事工作感到满意的人才，从而减少人才的流动。

（5）招聘工作直接影响着人事管理的费用。有效的招聘工作能使企业的招聘活动开支既经济又有效，并且由于招聘到的员工能够胜任工作，会减少日后员工培训与能力开发的支出。

2. 招聘的双向选择

招聘是员工和组织之间相互选择的过程。现代的观点是招聘中组织者和应聘人员之间存在双向选择。人们对组织有选择权，在组织挑选员工的同时，未来的员工也在选择组织。招聘工作实际上是组织向应聘者推销岗位或职务的过程，招聘的成功必须考虑组织和申请者双方对申请的职务达成共识。

3. 招聘的程序

招聘是一个连续的过程，包括制订招聘计划、发布招聘信息、接待和甄别应聘人员、发出录取通知书、对招聘计划评估五个方面。

（1）制订招聘计划。招聘计划是在人力资源计划基础上产生的。人员招聘的决策和计划的主要内容应该包含此项招聘的目的、应聘职务描述和人员的标准和条件、招聘对象的来源、传播招聘信息的方式、招聘组织人员、参与面试人员、招聘的时间、新员工进入企业的时间、招聘经费预算等。招聘计划有时收录在企业的人事政策或员工手册中。

（2）发布招聘信息。发布招聘信息是利用各种传播工具发布岗位信息，鼓励和吸引人员参加应聘。企业根据面向内部或外部的不同招聘对象，选择最有效的发布媒体和渠道传播信息。

（3）接待和甄别应聘人员。接待和甄别阶段是在招聘当中对职务申请人的选拔过程。招聘人员一般首先要审查申请表，初步筛选出那些满足最低应聘条件的人员；然后安排与候选人面谈，参加各种必要的测验，对通过测试的应聘者进行背景调查；再从中优选出应聘人员接受主管经理或高级行政管理人员的面谈；最后通知合格人员做健康检查。

（4）发出录取通知书。这阶段是招聘人员与正式新受聘人签订劳动合同，并向其发出上班试工的通知。通常通知中应写明新员工的上班时间、地点与向谁报到。

（5）对招聘计划评估。招聘计划评估是整个招聘过程的最后阶段。对进行过的招聘过程作总结和评价，并将有关资料整理归档。

评价指标有招聘成本的核算和对录用人员评估。核算招聘成本是用经济指标衡量招聘的效率，招聘的费用支出低，而录用的人员数多，说明招聘的成本低，如果在低成本条件下，能招聘到高质量的人才则表明招聘效率较高。

录用人员评估的实质是对录用人员的能力、潜力、素质等方面继选拔过程所作考核后的延续，因而其方法与招聘中的相应测试相似。主要评估三个方面：录用人员受教育程度，可以反映录用人员的知识水平；录用人员参加工作年数，可以反映录用人员从事工作的经验和能力；录用人员担当的职位，可以反映录用人员的重要程度。

二、人员的来源与招聘方式

人员的来源可分为企业内部和外部两种渠道。从何种渠道选择人员是由企业的人事政策、技术特征、人员的要求等多种因素决定的。

1. 利用组织内部的人力资源

大多数组织在需要人力资源时总是先在内部进行人员的调配，如增加或减少某些部门的人员数量。组织利用内部人力资源主要有员工晋升、平级调动、工作轮换和招回原职工等几种形式。

（1）职工内部晋升。内部晋升是指将组织内部的职工调配到较高的职位上。

内部晋升人员具有以下优点：

1）有利于调动组织内部成员的工作积极性；
2）有利于吸引外部人才；
3）有利于保证选聘工作的正确性；
4）有利于被聘者迅速展开工作。

内部提升制度也存在弊端，具体表现如下：

1）引起同事之间的不团结；
2）可能造成"近亲繁殖"的现象，并抑制组织创新力。

（2）职工平级调动。平级调动是指内部人员在同级水平的职务之间调动。这是较常见的人员调配方式。一个组织可供晋升的职位毕竟是有限的，职位越高可用于晋升的职位就越少，多数人员只有在同级水平调动。但是平级调动也有激励作用，例如，将经常上"三班"的员工调到白天上班。如果职工被调任到一些重要的岗位，平调之人也有受重用之感，从而激发其工作积极性。

人员平调的关键是确定谁可以调动，人员调动的依据是资历和业绩两个标准，一般组织希望根据员工的能力大小安排平调，而员工更愿意依据资历深浅调动工作。

（3）工作轮换。工作轮换是指派员工在一个阶段从事一项工作，在另一段时间从事另一项工作。轮换工作的员工其岗位有临时的特点。工作轮换有助于丰富员工的工作经验，通过工作轮换可以培养技术和行政管理人员，将他们置于组织的各部门，使其熟悉组织的更多领域及各部门之间的相互活动，为今后的管理工作打下扎实的基础。

（4）重新招回原有职工。这种招聘方式是将那些暂时离开工作岗位的人员招回到原有的工作岗位。与其他方法相比，这种方法支出的费用较少，适用于商业周期明显的行业。

2. 利用组织外部的人力资源

组织内部有时没有合格的人员。在组织快速发展需要大量基础人员、专业人员和管理人员时，内部的人员一时没有那么多，这时组织就需要去外部招聘。外部人员来源有以下几种：

（1）内部人员介绍推荐。内部人员推荐介绍方式是指组织内部人员推荐和介绍职位申请人到组织中来。它实际上是在组织内部和外部之间建立起一座桥梁，通过职工以口头方式传播招聘，将组织外部的人员引入组织适当的岗位。

（2）上门求职者。此种方式是招聘直接上门主动寻找工作的人员。组织常常用此渠道招聘营业员、职员和保管员等技能和知识要求都比较低的工作人员，而管理人员或监督人员很少从这类人员中产生。

（3）劳务中介机构。劳务中介机构是那些专门向组织提供人力资源的机构。我国劳务中介机构的形式有临时劳务市场、固定的劳动介绍机构、各类各级人才交流中心和专门从事提供高级管理人员的猎头公司等。

（4）教育机构。教育机构也是组织的人力资源主要来源。教育机构的责任之一是向社会提供初中和高中学校、职业学校、中等专科学校、高等专科学校、普通大学和大学的研究生院的毕业生。

聘用外部人员将给组织带来许多利益：

（1）他们给组织带来新观念、新思想、新技术、新方法等；

（2）外来人员与组织成员间没有裙带关系，能较客观地评价组织的工作，洞察存在的问题；

（3）组织能高效率地使用人才，很经济地聘用到已经受过训练的员工，因为组织没有这种人才的时候招聘费用通常比培训一个员工便宜；

（4）组织可以更灵活地与外部人员签订合同，提供短期或临时的工作。

聘用外部人员对组织也有不利之处：

（1）有时对应聘人员不了解，造成选人不当；

（2）在管理职务上引进外部人员对内部人员可能产生负面影响；

（3）应聘人员有时要花较长时间的调整，才能对组织环境和工作适应；

（4）在工作方面，受聘人员会搬老经验，忽视组织本身的特点，不能将经验与组织发展有机地结合在一起。

3. 招聘的方法

根据企业内部与外部的应聘人员的特点不同，企业的招聘方式也有不同。招聘可以分为内部招聘与外部招聘两种方式。

（1）适用内部招聘的方式。内部招聘是指在单位出现职务空缺后，从单位内部选择合适的人选来填补这个位置。内部招聘具体又分为提拔晋升、工作调换、工作重换和人员重聘几种方法。

内部招聘人员有许多方法，如职务招聘海报、口头传播、从公司的人员记录中选择、以业绩为基础的晋升表等。常用的是职务招聘海报。

职务招聘海报是组织向员工公布空缺职位的信息，邀请所有人员应聘新职位，这是常用的内部招聘方法。它向员工提供平等的成长和发展机会，员工自由、自愿申请，不必事前得到其直接领导批准。招聘海报通常通过布告栏、内部报纸、广播和员工大会等发布招聘消息。招聘海报的目的是吸引更多有资格的员工参加应聘和竞争。

（2）适用外部招聘的方式。外部招聘是指将外部具有企业需要的胜任力的人招聘进来并安置在合适的位置上。

外部招聘与内部招聘的方法不同。外部招聘需要将职务的有关信息告之特定的目标对象或社会公众。面向社会的招聘会涉及不同的应聘者的来源，这都会影响到招聘的方法。主要招聘方法有利用广告、计算机网络、合并和兼并。

1）招聘广告。招聘广告是用广告方式吸引职务申请人应聘职务。它利用大众媒介报纸、杂志、电视和电台发布招聘信息。以报纸刊登招聘广告是最常用的对外部招聘方法。报纸发行量大，读者面广，可让更多的潜在职位申请人看到有关招聘职务和岗位信息。报纸的读者有不同层次，报纸广告可以适用招聘从非技术工人到技术和管理人员等几乎所有的职位。这种招聘方法成本相对较低。

利用杂志发布招聘广告一般适用于招聘高级人员和特殊领域的专家。每份杂志通常都有特定的读者群，在各种专业杂志上发布广告可以很容易地将有关信息传达到特定的招聘目标对象之中，帮助组织招聘到特殊的人员。

利用电台和电视发布的招聘广告一般较少采用。

2）上网招聘。上网招聘是通过计算机网络向公众发布招聘信息。组织可以利用局域网、国际互联网发布有关招聘的信息，职务申请人可以通过网络寻找到适合自己的职业。利用计算机网络服务主要优点是能快速及时传递信息，传播面极为广泛，可以直接跨越地区和国界。

3）企业兼并中的招聘。企业兼并中的招聘是指通过企业直接聘用被兼并企业的员工，达到人员扩充的目的。通过兼并，组织能在最短的时间内获得训练有素的技术人员、经营人员和管理人员，从人员数量和质量上保障开拓新产品、新市场。它是成长型组织为迅速扩大而产生的一种做法。但是所招聘的员工需要花一定的时间来适应新的组织程序和文化特点，有时他们会与组织之间产生某种冲突。

三、人员的选拔

人员的选拔是人员招聘的关键步骤。通常有审查申请表、招聘面谈、心理测量和身体健康检查几个过程。

1. 审查申请表

绝大多数的组织都需要申请人员提供书面的申请资料，这是申请职位最初的过程。让所有的申请者填写工作申请表格主要有这样几个目的：申请表能反映出申请人的经验和知识是否满足该职务的最低需求；包含有面谈人员希望询问的申请者背景的基础问题；提供作基本检查的资料。

审查申请表格是选拔应聘人员的第一步。申请表能反映申请人的特征和历史，这些信息有助于以较低的成本作最初的人事筛选。申请表的内容依申请工作的复杂性方面而异，对一些简单的工作，申请表格所要填写的内容比较简单，但是招聘专家、管理人员或科技人员的申请表上内容则较多。

2. 招聘面谈

对应聘人员进行面谈是招聘过程的重要步骤。谈话方法主要用于收集和发现申请者的态度、感情、思维方式、人格特征、行为特点及洞察其敬业精神。面谈根据申请的职务不同,有时由一人来完成,有时由一组人员执行。不同面谈的差别在于提出问题的结构或控制的程度。在高度结构的面谈中,面谈是遵守事先设计的问题。在低结构的问题中,申请者有较大的自由决定讨论的内容。

面谈目的是尽可能多地了解应聘者的各种信息,费尔认为面谈要询问下列内容:应聘者的工作经历,包括职务、爱好、成就、工作条件、薪金、转业原因、工作满意原因、工作需求方式、工作业绩等;教育程度,如学历、最好最差的学科、等级、用功程度、课外活动、特殊成就、大学以上的训练、毕业成绩等;家庭背景,父母职业、父母性情、兄弟姐妹人数、教养及工作情况、早年经济背景、家庭生活的影响等;现代社会适应特征,兴趣和爱好、婚姻情况、配偶兴趣和人格、经济情况、健康状况;应聘者的动机与性格、情绪稳定性等;资产及负债情况和综合结论概述。

3. 心理测量

心理测量是指依据一定的心理学理论,使用一定的操作程序,给人的能力、人格及心理健康等心理特性和行为确定出一种数量化的价值。广义的心理测量不仅包括以心理测验为工具的测量,也包括用观察法、访谈法、问卷法、试验法、心理物理法等方法进行的测量。心理测量是通过科学、客观、标准的测量手段对人的特定素质进行测量、分析、评价。这里的所谓素质,是指那些完成特定工作或活动所需要或与之相关的感知、技能、能力、气质、性格、兴趣、动机等个人特征,他们是以一定的质量和速度完成工作或活动的必要基础。

4. 身体健康检查

身体健康检查用于了解受检者健康状况。根据检查结果,明确有无异常体征,判定其是否能够胜任该项工作。

四、影响招聘的因素

组织招聘受多种因素影响,其中员工的求职动机、组织的条件、法律和法规对招聘的影响较大。

1. 员工的求职动机

(1)经济的压力。人们求职动机的强烈程度与其承受的经济压力成正比。研究表明,在职人员寻找新工作所花费的时间比没有工作的人少;人们每星期找工作的次数与无工作时的收入之间成负的关系,即没有工作的人员收入少则每星期找工作的次数多。这主要是财务的压力所造成的,有收入的员工寻找工作较为被动,能花较长的时间寻找较为满意的工作或收入较高的职位。

(2)自尊的需要。人们的求职动机受个人的自尊影响。一个有强烈成就动机的人有较强的寻找工作的欲望。因为高度自尊的人比较倾向于寻找比以前地位更高、报酬更多和有挑战性的职位，所以，这些人会花更多的时间和精力，去寻求新的工作。

（3）职业的兴趣。职业兴趣是选择不同职业的主要动机。有些人的职业兴趣可能从童年时代就产生了，而有些人到成年以后才有明确的对职业内容的要求。就大多数人来讲，职业受到教育程度、个人的经济因素、劳动力市场的特点及个人的知识、能力和个性等影响。

2. 组织的条件

组织招聘的目的是吸引更多的人员进入组织，应聘人员的多少取决于组织的招聘条件。通常组织的报酬系统、向员工提供的发展机会和组织本身的形象是吸引应聘人员的三个主要因素。

（1）组织的报酬系统。组织的报酬系统是激励员工的主要因素。多数应聘人员都会考虑起始的底薪、工薪增加的幅度和频率、组织提供的福利和其他保障。当然，高报酬通常更容易吸引到优秀的人员，但这并不意味着低报酬就不能找到优秀人员。

（2）提供发展机会。组织能否吸引到人员还与组织提供发展机会有关。如果组织能向人员提供良好的发展机会，则能吸引较多的人员。管理者向员工提供发展机会能使现有员工容易在人格上、技术上发展，这被认为是关心人、帮助人的组织，员工乐于在这种组织中工作。组织有明确的职业生涯计划，给员工一个清晰的阶梯则更容易吸引和招聘到合格的人员，也能使员工容易保持在组织中。

（3）组织的形象。组织的形象也是一个变量。绝大多数人喜欢在大公司工作。通常人们对公司的印象是由许多小事构成的，如对员工的待遇、产品服务质量、组织参与社会事务的态度等。组织形象越好，越容易吸引人们加入组织。

3. 法律和法规的影响

招聘工作既涉及组织和员工的利益，又涉及社会的稳定性。因此无论从组织角度，还是从社会角度都是一项政策性很强的工作。招聘工作受到国家法律和法规的严格控制。这种控制的主要目的是保障人们能充分地就业，消除在招聘工作中歧视和不公正地对待申请人。

第二节 组织员工培训

一、员工培训概述

员工培训是指组织为了提高劳动者素质和提高劳动生产率及个人对职业的满足程度，直接有效地为组织生产经营服务，从而采取各种方法，对组织里的各类人员进行的教育培训投资活动。培训的出发点和归宿是"企业的生存与发展"。

1. 员工培训的目的

（1）导入和定向。即引导新进员工进入组织，熟悉和了解工作职责、工作环境和工作条件，并适应企业外部环境的发展变化。

企业的发展是内外因共同起作用的结果。一方面，企业要充分利用外部环境所给予的各种机会和条件，抓住时机；另一方面，企业也要通过自身的变革去适应外部环境的变化。企业作为一种动态系统，作为企业主体的人也应当是动态的，即企业必须不断培训员工，才能让他们跟上时代，适应技术及经济发展的需要。

（2）提高员工素质。培训的最终目的可以归结为一条，即通过提高员工工作绩效而提高企业效率，促进企业员工个人全面发展与企业可持续发展。现代企业对人力资源总体素质提出了新的要求，要求人力资源具有竞争性、学习性、创新性、团队精神等特征。从个体来说，员工要满足现代企业人力资源的要求，必须参加培训接受继续教育。企业员工通过科学合理的培训在知识、技能、效果和态度四个方面得到提高，从而提高了适应性，为其进一步发展和担负更大的职责创造了条件，进而满足员工自我成长的需要，扩展员工价值。

（3）提高绩效。员工通过培训，可在工作中降低因失误造成的损失。同时，通过培训获得新方法、新技术、新规则，提高员工的技能，使其工作质量和工作效率不断提高，从而提高企业效益。

（4）提高企业素质。员工通过培训，知识和技能都得到提高，这仅仅是培训的目的之一。培训的另一个重要目的是使具有不同价值观、信念，不同工作作风及习惯的人，按照时代及企业经营要求，进行文化养成教育，以便形成统一、和谐的工作集体，使劳动生产率得到提高，员工的工作及生活质量得到改善。

（5）提高高层领导素质。通过培训高层次管理人员的思想素质和管理水平，使之更新观念，改善知识结构，适应组织变革和发展的需要。

2. 员工培训的作用

（1）补偿作用。企业培训有支持经营机能的补偿作用。企业内"文化"养成的目的是为了实现企业经营战略。由于不断追求更高的经济增长率，只有恰当地利用人力资源，才能取得更高的劳动生产率，而技能培训对人力发展极为重要。因此，员工的培训应与企业经营战略密切配合。

（2）保持企业竞争力的重要手段。高素质的企业队伍是企业最重要的竞争因素。通过培训，可以提高员工的知识水平，提高员工的首创精神和创新能力。同时也可以提高员工工作热情和合作精神，建立良好的工作环境和工作气氛，提高员工的工作满意感和成就感，从而提高员工队伍的整体素质，增强企业竞争力。

（3）提高生产力。员工通过有效的培训，在生产商品或服务时，能减少所需工作时间，从而降低人力及推销成本；减少材料的浪费和不良产品的产生，从而降低供应成

员工招聘、培训流程与考核

本；改进由企业将产品或服务输送到用户手中的方法，从而降低服务成本。可见生产的数量、品质和效率跟员工的知识、技术和能力有绝对的相关性。而通过培训可增加其知识、判断力和解决困难的能力，这两者均可使企业提高生产力。

3. 员工培训的原则

（1）参与。在培训过程中，行动是基本的，如果受训者只保持一种静止的消极状态，就不可能达到培训的目的。为调动员工接受培训的积极性，日本一些企业采用"自我申请"制度，定期填写申请表，主要反映员工过去5年内的能力提高与发挥情况和今后5年的发展方向及对个人能力发展的自我设计。然后由上级针对员工申请与员工面谈，互相沟通思想、统一看法，最后由上级在员工申请表上填写意见后，报人事部门存入人事信息库，作为以后制定员工培训计划的依据。同时，这种制度还有很重要的心理作用，它使员工意识到个人对工作的"自主性"和对于企业的主人翁地位，疏通了上下级之间思想交流的渠道，更有利于促进集体协作和配合。

（2）激励。真正要学习的人才会学习，这种学习愿望称之为动机。一般而言动机多来自需要，所以在培训过程中，就可应用种种激励方法，使受训者在学习过程中，因需要的满足而产生学习意愿。

（3）应用。企业员工培训与普通教育的根本区别在于员工培训特别强调针对性、实践性。企业发展需要什么、员工缺什么就培训什么，要努力克服脱离实际，向学历教育靠拢的倾向。不搞形式主义的培训，而要讲求实效，学以致用。

（4）因人施教。企业不仅岗位繁多，员工水平参差不齐，而且员工在人格、智力、兴趣、经验和技能方面，均存在个别差异。所以对担任工作所需具备的各种条件，各员工所具备的与未具备的也有不同，对这种已经具备与未具备的条件的差异，在实行训练时应该予以重视。显然，企业进行培训时应因人而异，不能采用普通教育"齐步走"的方式培训员工。也就是说要根据不同的对象选择不同的培训内容和培训方式，有的甚至要针对个人制订培训发展计划。

二、培训需求分析设计

1. 为什么要进行培训需求分析

（1）培训需求分析的含义。所谓的培训需求分析是指在规划与设计每项培训活动之前，由培训部门、主管人员、工作人员等采取各种方法和技术，对各种组织及其成员的目标、知识技能等方面进行系统的鉴别与分析，以确定是否需要培训及培训内容的一种活动或过程。

（2）培训需求分析的目的。培训需求分析的重要性及意义，也即培训需求分析的目的如下：

1）确认差距。培训需求分析的基本目标是确认差距。它主要是绩效差距，即组织及其成员绩效的实际水平与绩效应有水平之间的差距，它主要是通过绩效评估的方式来完成的。

2）改变原有分析。原有分析基本是针对组织及其成员的既有状况而进行的。当组织面临着持续动态的变革的挑战时，原有需求分析就可能脱离组织及其成员的实际状况，因而改变原有分析对培训显得尤为重要。

3）促进人事分类系统向人事开发系统转换。需求分析的另一个重要作用便是能促进人事分类系统向人事开发系统的转换。人事分类系统在制定关于新员工录用、预算、职位升降、工资待遇、退休金等的政策方面非常重要，但在工作人员开发计划、培训、解决问题等方面用途有限，当培训部门同人事分类系统的设计与资料搜集密切结合在一起时，这种系统就会变得更加具有综合性和人力资源开发导向。

4）提供可供选择的解决问题的方法。培训需求分析可以提供一些与培训无关的选择，如人员变动，工资增长，新员工吸收，组织变革，或是几个方法的综合。选择的方式不同，培训的分类也不一样。现实中，最好是把几种可供选择的方法综合起来，使其包含多样性的培训策略。

5）形成一个信息资料库。培训需求分析实际上是一个通过各种方法技术收集与培训有关的各种信息资料的过程，经由这一过程，可以形成一个人力资源开发与培训的信息资料库。

6）决定培训的成本与价值。如果进行了系统的培训需求分析，并且找到了存在的问题，分析人员就能够把成本因素引入到培训需求分析中。

7）为获得组织对培训的支持。组织支持贯穿于培训的全过程之中，没有组织支持，任何培训活动都不可能顺利进行，也不可能获得成功。通过培训需求分析，可以使有关人员认识到组织存在的问题，发现组织成员知识、能力和技能的差距，了解培训的成本和价值，从而为获得组织支持创造条件。

2. 如何进行培训需求分析

培训需求分析可从组织、职务、员工个人三个层面分别进行。

（1）组织层面分析。培训需求的组织分析主要是通过对组织的目标、资源、特质、环境等因素的分析，准确地找出组织存在的问题与问题产生的根源，以确定培训是否是解决这类问题的最有效的方法。

由于企业是处于一定的社会环境中，随着政治、经济等因素的不断发展变化，企业发展的经营战略、组织所处的宏观环境和发展趋势、组织现有的资源储备都会影响员工的培训需求。

（2）职务层面分析。工作分析的目的是了解与绩效问题有关的工作的详细内容、标准以及完成工作所应具备的知识和技能。工作分析的结果也是将来设计和编制相关培训课程的重要资料来源。

通过对现有职务要求与担任此工作的员工的工作能力、工作绩效等方面进行比较，可以确定员工的培训需求。

（3）员工个人层面分析。员工个人分析主要是通过分析工作人员个体现有状况与应有状况之间的差距,来确定谁需要接受培训以及培训的内容。其分析的重点在于评价工作人员实际的工作绩效及工作能力。

3. 员工培训规划设计

(1) 员工培训规划设计的原则。培训规划设计是根据企业目标和对企业员工培训需求的预测而设计的关于未来培训活动的方案。只有这个活动方案的各个环节及其衔接都成功时,培训规划设计才能取得预期的效果。

1) 系统性。系统性的设计必须具备标准化、广泛性、一致性和可靠性的特点。

2) 普遍性。要达到普遍性,培训规划设计必须适应于企业不同的工作、不同的个人和不同的培训需要。

3) 有效性。有效的培训规划设计必须是针对工作的、相关的和高效的。

(2) 员工培训规划设计的要素。员工培训规划设计的要素有培训对象、培训内容、培训规模、培训时间、培训地点、培训费用、培训师资。

三、员工培训的方法

员工培训的方法多种多样,如何选择一个合适的培训方法非常重要。而影响培训方法选择的主要因素有学习的目标、所需的时间、所需的经费、学员的数量、学员的特质。常见的培训方法如下。

1. 在职培训方法

在职培训法是指管理者在日常的工作中指导、开发下属技能、知识和态度的一种训练方法。在职培训方法主要包括直接传授、竞赛与评比、授权下级、岗位轮换。

2. 脱产培训方法

脱产培训,就是脱离工作场所进行的员工培训,多数脱产培训安排有专门的时间,对正常工作有一定的影响,为保证达到预期的培训目标和效果,在策划和组织脱产培训时,要耗费较多的培训经费和资源。脱产培训方法主要有课堂讲授、多媒体教学、参观访问。

3. 游戏训练方法

游戏训练法是一种在培训员工过程中常用的辅助方法。其目的是改变培训现场气氛,并且由于游戏本身的趣味性,可提高参加者的好奇心、兴趣及参与意识,并改良人际关系。

4. 综合培训方法

(1) 讨论法。讨论法是由指导教师有效地组织培训人员以团体的方式对某项预先制定的题目，采取一定的方式进行讨论，最后得出共同的结论的方法。

（2）角色定位演练法。角色定位演练是以有效开发角色企业员工行动能力为目标的训练方法。角色定位演练法，主要适用于管理中凸现的某种特殊情况，如运用于询问、电话应对、销售技术、业务会谈等基本技能的学习和提高。

四、培训评估

人员培训评估，就是企业在人员培训过程中，依据培训的目的和要求，运用一定的评估指标和评估方法，检查和评定培训效果的环节。实际上人员培训的评估就是对人员培训活动的价值判断过程，也是培训流程中的核心环节。

1. 培训评估的必要性

通过对培训效果的评估，可以了解到培训项目是否达到预定的目标和要求，检查出培训项目的成本效益，总结成功的经验与失败的教训。

2. 培训评估的对象与内容

（1）培训评估的对象。对培训对象的评估包括培训对象对培训的反映、心得以及培训前后的工作表现等方面。对培训本身的评估主要是培训的成本效益分析。

（2）培训评估的内容。培训评估的主要内容是调查收集培训对象和有关人员对培训项目的看法，检验培训对象学习之后态度行为的变化是否达到了培训的预期目标，以及培训项目的实施是否提高了企业的整体绩效和满足了培训需求。

1）学员的反映。在培训结束时，向学员发放满意度调查表，收集学员对培训的反映和感受。主要包括：对培训师培训技巧的反应；对课程内容设计的反映；对课程组织的反映等。

2）学习效果。即培训对象对培训内容的掌握程度。确定学员在培训结束时，是否在知识、技能、态度等方面得到了提高。实际上就是评估参加培训的学员学到了什么。

3）行为的改变。即评估培训对象接受培训后在工作行为上的变化。

4）产生的效果。即培训给企业带来的相关产出的变化。

3. 培训评估的方法

（1）定性评估法。采用定性评估法进行培训评估是目前国内大多数企业的做法。它是指评估者在调查研究、了解实际情况的基础之上，根据自己的经验和相关标准，对培训的效果做出评价。

定性评估法的优点在于综合性较强，需要的数据资料相对来说较少。由于它可以考虑到很多因素，评估过程中评估者可以充分利用自己的经验，因此定性方法简单易行。但定性评估法的一大缺点在于其评估结果受评估者的主观因素、理论水平和实践经验影响较大。

定性评估法有很多种，企业里用得较多的有以下几种：

1）测试法。测试法是指在培训开始和结束时分别用难度相似的测试题对培训对象进行测试，然后比较两次测试的成绩。这种方法是企业培训使用较多的方法，其优点是简单易行，成本较低。它的最大缺点是难以确定员工通过培训获得的知识和技能在实际工作中的应用情况。

2）讨论法。讨论法是以开讨论会的形式与培训对象进行交流，了解他们通过培训学到了什么？是如何把所学到的知识应用到实际工作中，以及是否需要进一步培训解决问题，从而获得关于培训效果的信息。

讨论会不要在培训一结束就举行，要待培训效果基本上体现出来才进行，这样才能获得有效的信息。

3）观察法。观察法是指评估者在培训结束以后亲自到培训对象所在工作岗位上去，通过仔细观察，记录培训对象在工作中的表现和工作业绩，并与培训前的表现和业绩进行比较，以此来衡量培训的效果。这种方法需要花费评估者很多时间，一般只是针对一些投资较大、培训效果对企业发展影响较大的培训项目。

4）检查法。检查法是指评估者通过在适当的时候对培训对象的工作进行检查，以便发现培训活动是否达到了预期的效果。检查中可以让员工参与这个过程，请他们评价自己的进步，并告诉员工还有哪些方面需要提高。

（2）定量评估法。定量评估法是在一定的数据计量处理理论基础之上，利用准确、系统、全面的数据，运用统计方法或数学模型，对培训进行评估的一种方法。

定量评估法要求有完整的统计数据和先进的计算手段，因而，评估结果一般较为科学、可靠，受主观因素影响小。但现实中定量方法使用得并不多，主要是培训中很多因素并不能量化，而且有些数据的获取成本较高，导致这种方法不太经济。定量方法也有很多种，例如投入—产出分析法、机会成本法、边际分析法、假设检验法等。其中应用较多的是投入—产出分析法。

4. 培训的评估程序

（1）做出评估决定。

1）评估的可行性分析。就是在开始培训项目的评估之前，收集培训项目及其评估的有关信息，对其进行详细分析，进而得出评估是否可行的结论。可行性分析包括两个方面：首先，决定是否要对该培训项目进行评估；其次，了解培训项目实施的情况，为以后的评估设计奠定基础。

以下列出一些不适合进行评估的情况：培训目标不明确或目标上缺乏共识，评估的结果不能得到利用，培训评估资源不足或评估时间有限导致培训质量得不到保证，培训项目缺乏外在价值。

2）明确评估目的。评估的目的与管理者的需要有关，其基本目的是要满足管理者的需要。总之要结合管理者的意图，明确与之相适应的评估目的，这样才能使评估报告有意义。

3）选择评估者。评估者的选择既要考虑被评估培训项目的特点、评估内容以及目的，也要考虑评估者本身所具有的优势和弱点以及企业的评估能力。

评估者主要分为内部评估者和外部评估者。

内部评估者的优势在于对培训项目的具体内容、运作过程、注意事项以及项目提出的原因和意义等方面比较了解，有利于获得全面信息以及敏感信息，把握问题的关键，但内部评估者容易受内部关系的妨碍；外部评估者多来自研究机构或专门的评估咨询公司，比较熟悉各种评估技术与方法，评估操作比较熟练，对评估过程中遇到的技术难题有较强的处理能力，而且外部评估者对培训中存在问题的反映比较客观，但评估的费用比较高。

（2）评估规划。

1）评估形式的选择。评估规划阶段实际上是评估者利用自己的知识和经验，结合实际的评估情景进行选择的过程。评估形式的选择是以评估的实际需要以及这种评估形式所具有的特点为依据。

2）选择评估方案和测量技术。评估方案主要回答在哪里收集数据、获取信息的问题，它构成了整个评估过程的骨架。测量技术主要回答怎样收集数据、如何获取信息的问题，它是评估过程的血肉。评估方案和测量技术与培训项目、培训对象的匹配程度直接决定了评估能否取得成功。在设计一项与培训计划相匹配的评估方案时，评估时间和地点的选择是一项重要的工作。在这个问题上，我们要遵守这样一个普遍适用的原则，那就是既要保证获得评估所需要的充分信息，又要尽量避免评估对培训项目和企业运转上造成的干扰。

（3）评估进度的安排。为了使评估工作有条不紊地进行，必须制订一份详细的时间进度表。

1）培训课程的进度。

2）要给培训对象准备评估留下必要的时间。

3）在进行进一步评估之前，应给培训对象充分的时间，以利用上次评估的反馈信息。

4）当采用新的或不熟悉的评估方案和测量技术时，需要一些时间进行评估的演习。

5. 评估操作

评估操作阶段的主要内容就是数据的收集、整理和分析。

收集数据可以采用很多方法，较为常见的有向培训对象发放咨询表或调查问卷，与培训对象进行座谈以及评估者亲自观察等方法。收集到数据以后，要对数据进行整理和分析。数据分析方法很多，如直方图法、圆饼图法、统计检验法，主要分为定性方法和定量方法两种。

6. 撰写评估报告

撰写培训评估报告是整个培训效果评估工作的最后工作环节，同时，也是影响培训效果评估结果的重要环节。因此，在撰写评估报告时要力求客观、公正，以事实为依据，不能按照自己的主观意愿进行撰写，这样会大大影响评估结果的价值，同时，评估也失去了意义。

（1）培训评估报告应包括以下内容：
1）培训背景说明。
2）培训概况说明。
3）培训评估的实施说明。
4）培训评估信息的陈述或以图表表示。
5）培训评估信息的分析。
6）培训评估结果与培训目标的比较。
7）培训项目计划调整与否的建议。

（2）在撰写培训评估报告的过程中应注意以下几个要点：
1）要用辩证的眼光来分析问题。
2）根据真凭实据来作结论。
3）考虑到评估者本人存在的偏见。
4）考虑到培训评估的短期效果和长期效果。

7. 建立良好的反馈系统

实施培训评估并不是指将结果提交给有关主管人员就算完成任务，其最重要的目的是要用于改善目前的培训设计和效果，因此必须建立完整的反馈系统。其内容包括以下几项：

（1）培训部门把评估效果反馈给学员。
（2）学员的所在部门把学员的工作表现和组织效益反馈给培训部门。
（3）培训部门和学员所在部门将培训师的教学工作评估反馈给培训师本人。

第三节　建立员工绩效

一、绩效管理概述

1. 绩效管理的概念

（1）绩效。工作绩效是指员工的工作行为、表现及其结果。对组织而言，绩效就是在数量、质量及效率等方面完成任务的情况；对员工个人来说，则是上级和同事对自己工作状况的考核。绩效具有多因性、多维性、动态性等特点。

（2）绩效考核的概念。绩效考核是对员工工作业绩的考核和评定，即根据工作目标或一定的绩效标准，采用科学的方法，收集、分析、评价和传递有关某一个人在工作岗位上的工作行为表现和工作结果方面的信息，对员工的工作完成情况、职责履行程度等进行定期的评定，并将评定结果反馈给员工的过程。

（3）绩效管理。绩效管理是指为了达成组织的目标，通过持续开放的沟通过程，形成组织目标所预期的利益和产出，并推动团队和个人做出有利于目标达成的行为的过程。即通过规范化的管理不断提高员工和组织绩效的过程。绩效管理遵循 PDCA［P（Plan）为计划；D（Do）为执行；C（Check）为检查；A（Action）为行动］循环原则。

（4）绩效管理与绩效考核的区别。本质上绩效管理是战略管理的重要构成部分——引导、评价和激励员工去实现公司的战略/目标。所以，脱离了战略/目标的绩效管理或绩效考核将毫无意义。

绩效管理作为企业管理中非常重要的领域之一，受到了越来越多企业的关注；绩效管理包括了绩效考核，但是，绩效管理远不止是绩效考核，还有绩效管理架构、绩效指标库、绩效管理手册、激励体系这四个构成部分；具体地说，还有目标管理体系和绩效应用体系，尤其是绩效应用管理体系——绩效考核结果应用于薪酬福利、学习培训、岗位调整。考核完成之后并不意味着绩效管理的闭环结束，还需要检视被考核者的达成情况，如果结果不理想，还需要做绩效面谈、提供绩效辅导，并将分析结果记录，形成员工的绩效档案。

但现实情况是，很多企业仅仅把目光聚焦在考核上，而忽略了考核的初衷，以及如何提升员工的绩效。绩效考核仅仅是绩效管理的一个环节，而不是绩效管理的终点。对于企业而言，最重要的事情是构建起完善的绩效管理体系，而非简简单单的绩效考核。

2. 绩效管理的目的

（1）传统绩效考核的目的。通过考核确认工作执行人员的绩效达成水平而决定奖惩、分配奖金、提薪、调职、晋升等人力资源管理决策；通过考核及其对考核结果的合理运用（奖惩和待遇调整），达到激励员工努力工作的目的。

（2）现代绩效考核与管理的目的。考核的目的不仅仅是奖惩，奖惩只不过是强化考核功能的手段；也是调整员工的待遇，调整待遇是对员工价值的不断开发的再确认；考核的根本目的是不断提高员工的职业能力和改进工作绩效，提高员工在工作执行中的主动性和有效性。

3. 绩效管理的地位与作用

绩效管理在人力资源管理中处于核心地位，它对于提升企业的竞争力具有巨大的推动作用。

（1）绩效管理促进组织和个人绩效的提升。绩效管理通过设定科学合理的组织目标、部门目标和个人目标，为企业员工指明了努力方向。管理者通过绩效辅导沟通及时发现下属工作中存在的问题，给下属提供必要的工作指导和资源支持，下属通过工作态度以及工作方法的改进，保证绩效目标的实现。在企业正常运营情况下，部门或个人新的目标应超出前一阶段目标，激励组织和个人进一步提升绩效，经过绩效管理循环，组织和个人的绩效就会得到全面提升。

（2）绩效管理促进管理流程和业务流程优化。企业管理涉及对人和对事的管理，对人的管理主要是激励约束问题，对事的管理就是流程问题。所谓流程，就是一件事情或者一个业务如何运作，涉及因何而做、由谁来做、如何去做、做完了传递给谁等几个方面的问题，上述四个环节的不同安排都会对产出结果有很大的影响，极大地影响着组织的效率。在绩效管理过程中，各级管理者都应从公司整体利益以及工作效率出发，尽量提高业务处理的效率，应该在上述四个方面不断进行调整优化，使组织运行效率逐渐提高，在提升了组织运行效率的同时，逐步优化公司管理流程和业务流程。

（3）绩效管理保证组织战略目标的实现。企业一般有比较清晰的发展思路和战略，有远期发展目标及近期发展目标，在此基础上根据外部经营环境的预期变化以及企业内部条件制订出年度经营计划及投资计划，在此基础上制订企业年度经营目标。企业管理者将公司的年度经营目标向各个部门分解就成为部门的年度业绩目标，各个部门向每个岗位分解核心指标就成为每个岗位的关键业绩指标。

4. 绩效考核的原则

（1）公平原则。公平是确立和推行人员考绩制度的前提。不公平，就不可能发挥考绩应有的作用。

（2）严格原则。考绩不严格，就会流于形式，形同虚设。考绩不严，不仅不能全面地反映工作人员的真实情况，而且还会产生消极的后果。考绩的严格性包括：要有明确的考核标准；要有严肃认真的考核态度；要有严格的考核制度与科学而严格的程序及方法等。

（3）单头考评的原则。对各级职工的考评，都必须由被考评者的"直接上级"进行。直接上级相对来说最了解被考评者的实际工作表现（成绩、能力、适应性），也最有可能反映真实情况。间接上级（即上级的上级）对直接上级作出的考评评语，不应当擅自修改。这并不排除间接上级对考评结果的调整修正作用。单头考评明确了考评责任所在，并且使考评系统与组织指挥系统取得一致，更有利于加强经营组织的指挥机能。

（4）结果公开原则。考绩的结论应对本人公开，这是保证考绩民主的重要手段。这样做，一方面，可以使被考核者了解自己的优点和缺点、长处和短处，从而使考核成绩好的人再接再厉，继续保持先进；也可以使考核成绩不好的人心悦诚服，奋起上进。另一方面，还有助于防止考绩中可能出现的偏见以及种种误差，以保证考核的公平与合理。

（5）结合奖惩原则。依据考绩的结果，应根据工作成绩的大小、好坏，有赏有罚，有升有降，而且这种赏罚、升降不仅与精神激励相联系，而且还必须通过工资、奖金等方式同物质利益相联系，这样，才能达到考绩的真正目的。

（6）客观考评的原则。人事考评应当根据明确规定的考评标准，针对客观考评资料进行评价，尽量避免渗入主观性和感情色彩。

（7）反馈的原则。考评的结果（评语）一定要反馈给被考评者本人，否则就起不到考评的教育作用。在反馈考评结果的同时，应当向被考评者就评语进行说明解释，肯定成绩和进步，说明不足之处，提供今后努力的参考意见等。

（8）差别的原则。考核的等级之间应当有鲜明的差别界限，针对不同的考评评语在工资、晋升、使用等方面应体现明显差别，使考评带有刺激性，鼓励职工的上进心。

（9）信息对称的原则。凡是信息对称，容易被监督的工作，适合用绩效考核。凡是信息不对称，不容易被监督的工作，适合用股权激励。

二、绩效考评的内容与标准

1. 绩效考评的内容

考核分为工作业绩、工作能力、工作态度三大部分，不同部门和不同职位的员工，其考核权重也不同，各部门应根据各职位的要求来确定其权重所占比例的大小。

（1）工作业绩。

1）任务绩效。与具体职务的工作内容或任务紧密相连，是对员工本职工作完成情况的体现，主要考核其任务绩效指标的完成情况。

2）管理绩效。主要是针对行政管理类人员，考核其对部门或下属人员管理的情况。

3）周边绩效。与组织特征相关联的，是对相关部门服务结果的体现。

（2）工作能力。工作能力分为专业技术能力与综合能力。

（3）工作态度。工作态度主要考核员工对待工作的态度和工作作风，其考核指标可以从工作主动性、工作责任感、工作纪律性、协作性、考勤状况五个方面设定具体的考核标准。

（4）附加分值。附加分值主要是针对员工日常工作表现的奖惩记录而设立的。

2. 绩效考评的标准

（1）绩效考评标准分类。

1）绝对标准，就是建立员工工作的行为特质标准，然后将达到该项标准列入评估范围内，而不在员工相互之间作比较。绝对标准的评估重点，在于以固定标准衡量员工，而不是与其他员工的表现作比较。

2）相对标准，就是将员工之间的绩效表现相互比较，也就是以相互比较来评定个人工作的好坏，将被评估者按某种向度作顺序排名，或将被评估者归入先前决定的等级内，再加以排名。

3）客观标准，就是评估者在判断员工所具有的特质，以及其执行工作的绩效时，对每项特质或绩效表现，在评定量表上每一点的相对基准上予以定位，以帮助评估者作评价。

（2）绩效考评标准的总原则。绩效考评标准的总原则为工作成果和组织效率。

依据组织的战略，就可制订个人或群体的工作行为和工作成果标准，标准尽管可有多项，每一项也有很明细的要求，但衡量绩效的总原则只有两条：是否使工作成果最大化;是否有助于提高组织效率。

个人的工作成果最大化一般都有助于提高组织效率。组织效率的含义非常广,组织的盈利能力强、产品质量好、客户服务满意度高,都是组织效率高的表现。个人的工作成果评价,必然以有助于提高组织效率为前提,否则就谈不上好的工作绩效。

(3) 绩效考评标准的内容。完整的企业绩效考评标准应包括工作业绩考评标准、工作行为考评标准、工作能力考评标准和工作态度考评标准。

三、绩效管理的基本流程

1. 制订考核计划

(1) 明确考核的目的和对象。
(2) 选择考核内容和方法。
(3) 确定考核时间。

2. 进行技术准备

绩效考核是一项技术性很强的工作。其技术准备主要包括确定考核标准、选择或设计考核方法以及培训考核人员。

3. 选拔考核人员

在选择考核人员时,应考虑两个因素:通过培训,可以使考核人员掌握考核原则,熟悉考核标准;掌握考核方法,克服常见偏差。

4. 收集资料信息

收集资料信息要建立一套与考核指标体系有关的制度,并采取各种有效的方法来达到。

5. 考核过程

管理者在整个考核过程中担任教练和督导的角色,根据实际绩效结合目标绩效与员工进行经常性的沟通和指导,帮助员工达成绩效目标,并予以过程考核。

6. 绩效评估

确定单项的等级和分值,对同一项目各考核来源的结果进行综合。

(1) 通过过程的跟进和及时反馈,员工和上司双方对完成工作的程度都有明确的认知,考核结果便可公正、客观地反映员工的当期绩效,一切工作都建立在保证双方有及时良好的沟通的前提下。

(2) 评估面谈。管理人员必须熟知员工的工作职责及各项事务的处理方式,并能给予员工以指导,绩效考核结束后,管理者与人力资源部门就员工的绩效改进与员工面谈，面谈过程中更多的是单独辅导过程。管理者根据员工工作中的不足和需改进的地方给员工提出改进的建议并给予改进的方法指导。

7. 考核结果应用

按照事先确定的奖惩标准予以奖励。

8. 绩效管理结果

绩效管理的最终目标是改进绩效。员工的绩效目标是经过员工和组织双向认同的，并辅以过程中的指导和面谈指导，于期望中将有效改进员工的工作绩效，促进组织团结及组织进步。

四、绩效考核方式与考核方法

绩效考核办法通常也称为业绩考评或"考绩"，是针对企业中每个职工所承担的工作，应用各种科学的定性和定量的方法，对职工行为的实际效果及其对企业的贡献或价值进行考核和评价。它是企业人事管理的重要内容，更是企业管理强有力的手段之一。业绩考评的目的是通过考核提高每个个体的效率，最终实现企业的目标。在企业中进行业绩考评工作，需要做大量的相关工作。首先，必须对业绩考评的含义作出科学的解释，使得整个组织有一个统一的认识。

1. 等级评估法

等级评估法是绩效考核中常用的一种方法。根据工作分析，将被考核岗位的工作内容划分为相互独立的几个模块，在每个模块中用明确的语言描述完成该模块工作需要达到的工作标准。同时，将标准分为几个等级选项，如"优、良、中、合格、不合格"等，考核人根据被考核人的实际工作表现，对每个模块的完成情况进行评估。总成绩便为该员工的考核成绩。

2. 目标考核法

目标考核法是根据被考核人完成工作目标的情况来进行考核的一种绩效考核方式。在开始工作之前，考核人和被考核人应该对需要完成的工作内容、时间期限、考核的标准达成一致。在时间期限结束时，考核人根据被考核人的工作状况及原先制定的考核标准来进行考核。目标考核法适合于企业中实行目标管理的项目。

3. 序列比较法

序列比较法是对相同职务员工进行考核的一种方法。在考核之前，首先要确定考核的模块，但是不确定要达到的工作标准。将相同职务的所有员工在同一考核模块中进行比较，根据他们的工作状况排列顺序，工作较好的排名在前，工作较差的排名在后。最后，将每位员工几个模块的排序数字相加，就是该员工的考核结果。总数越小，绩效考核成绩越好。

4. 相对比较法

相对比较法也是对相同职务员工进行考核的一种方法。它是对员工进行两两比较，任何两位员工都要进行一次比较。两名员工比较之后，工作较好的员工记"1"，工作较差的员工记"0"。所有的员工相互比较完毕后，将每个人的成绩进行相加，总数越大，绩效考核的成绩越好。相对比较法每次比较的员工不宜过多，范围在 5 ～ 10 名即可。

5. 小组评价法

小组评价法是指由两名以上熟悉该员工工作的经理，组成评价小组进行绩效考核的方法。小组评价法的优点是操作简单，省时省力；缺点是容易使评价标准模糊，主观性强。为了提高小组评价的可靠性，在进行小组评价之前，应该向员工公布考核的内容、依据和标准。在评价结束后，要向员工讲明评价的结果。在使用小组评价法时，最好和员工个人评价结合进行。当小组评价和个人评价结果差距较大时，为了防止考核偏差，评价小组成员应该首先了解员工的具体工作表现和工作业绩，然后再做出评价决定。

6. 重要事件法

考核人在平时注意收集被考核人的"重要事件"，这里的"重要事件"是指被考核人的优秀表现和不良表现，对这些表现要形成书面记录。对普通的工作行为则不必进行记录。根据这些书面记录进行整理和分析，最终形成考核结果。该考核方法一般不单独使用。

7. 评语法

评语法是指由考核人撰写一段评语来对被考核人进行评价的一种方法。评语的内容包括被考核人的工作业绩、工作表现、优缺点和需努力的方向。评语法在我国应用得非常广泛。由于该考核方法主观性强，最好不要单独使用。

8. 强制比例法

强制比例法可以有效地避免由于考核人的个人因素而产生的考核误差。根据正态分布原理，优秀的员工和不合格的员工的比例应该基本相同，大部分员工应该属于工作表现一般的员工。所以，在考核分布中，可以强制规定优秀人员的人数和不合格人员的人数。例如，优秀员工和不合格员工的比例均占 20%，其他 60% 属于普通员工。强制比例法适合相同职务员工较多的情况。

9. 情境模拟法

情境模拟法是一种模拟工作考核方法。它要求员工在评价小组人员面前完成类似于实际工作中可能遇到的活动，评价小组根据完成的情况对被考核人的工作能力进行考核。它是一种针对工作潜力的考核方法。

10. 综合法

综合法，顾名思义，就是将各类绩效考核的方法进行综合运用，以提高绩效考核结果的客观性和可信度。在实际工作中，很少有企业使用单独的一种考核方法来实施绩效考核工作。

第四节 建立按劳取酬的薪资制度

一、薪酬管理概述

1. 360°（整体）报酬体系和薪酬

通常情况下，将一位员工为某一个组织工作而获得的各种他认为有价值的东西称之为报酬（reward）。这种报酬的概念也就是所谓的360°报酬。它既包含实物概念，又包含心理上的收益。

（1）报酬的分类。报酬又分为内在报酬和外在报酬。其结构如图5.1所示。

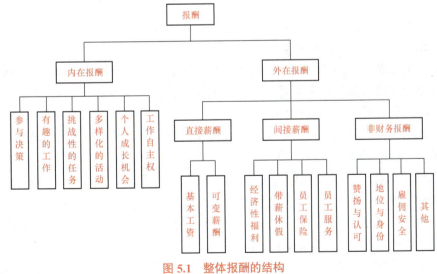

图5.1 整体报酬的结构

（2）什么是薪酬？薪酬（Compensation），即360°报酬体系中的经济性报酬。它涵盖了员工为某一组织工作而获得的所有的直接和间接的经济收入，其中包括薪资、奖金、津贴、养老金以及从雇主那里获得的各种形式的经济收入以及有形服务和福利。换而言之，所谓薪酬，就是指员工因为雇佣关系的存在而从雇主那里获得的所有各种形式的经济收入以及有形服务和福利。

（3）薪酬的构成。从是否可体现为现金收入来划分，薪酬可分为直接报酬和间接报酬。其中，直接报酬包括基本薪酬和可变薪酬（短期激励和长期激励）；而间接报酬（福利和服务）主要包括社会保险、其他福利和各种服务。

1）基本薪酬是指一个组织根据员工所承担或完成的工作本身或者是员工所具备的完成工作的技能或能力而向员工支付的稳定性报酬。

特点：常规性，固定性。

形式：等级薪酬，岗位薪酬，结构薪酬，技能薪酬，年功薪酬等。

影响因素：总体生活费用的变化或是通货膨胀的程度；其他雇主支付给同类劳动者的基本薪酬的变化；员工本人所拥有的知识、经验、技能的变化以及由此而导致的员工绩效的变化；企业所处的行业、地区以及企业所在产品市场的竞争程度。

2）可变薪酬是薪酬系统中与绩效直接挂钩的部分，有时也被称为浮动薪酬或奖金，分为短期和长期。

（4）360°报酬体系与薪酬剖析的几点重要结论如下：

1）与内在报酬相比，员工和企业更注重于外在报酬，尤其是薪酬；

2）员工对薪酬的抱怨并不一定是因薪酬而起；

3）内在报酬与企业的薪酬成本降低之间不存在必然的联系；

4）企业必须在外在报酬与内在报酬之间做好平衡。

2. 薪酬的功能

（1）补偿功能。员工的薪酬水平决定着他们的生存、营养和文化教育的条件，是保证企业劳动力生产和再生产的基本因素。

（2）激励功能。薪酬制定得公平与否，直接影响员工积极性的调动。薪酬激励功能的典型表现是奖金的运用，奖金是对工作表现好的员工的一种奖励，也是对有效超额劳动的报偿，对员工有很大的激励作用。

（3）调节功能。薪酬的调节功能主要表现在两个方面，即劳动力的合理配置和劳动力素质结构的合理调整。

（4）效益功能。员工不仅创造了必要劳动价值，同时，也创造了剩余劳动价值。剩余劳动价值的存在是企业的生存之本，是企业利润和效益的前提，所以从企业的角度看，支付给员工的薪酬不仅能补偿员工的劳动力消耗，而且还具有不断增值的效益功能，而正是这种效益功能才是企业投资的内在动力。

（5）人力资源管理功能。薪酬的人力资源管理功能体现为它可以培养员工对组织的归属感。影响员工归属感的因素很多，其中一个重要内容就是对员工的地位和作用的认可和重视，而企业给予员工的薪酬则是这一重要内容的重要体现。

3. 薪酬管理的基本概念及目标

薪酬管理是指一个组织针对所有员工所提供的服务来确定他们应得到的报酬总额以及报酬结构和报酬形式的过程。

薪酬管理的目标是公平性、有效性、合法性。公平性是指员工对于企业薪酬管理系统以及管理过程的公平性、公正性的看法或感知；有效性是指薪酬管理系统在多大程度上能够帮助组织实现预定的经营目标；合法性是指企业的薪酬管理体系和管理过程是否符合国家的相关法律规定。

二、企业薪酬管理流程

计划经济是一种集权经济和中央控制经济，因此，在我国传统的企业薪酬决定体制中，企业内部的薪酬管理完全服从于国家的总体工资制度和工资调整政策。一般情况下，国家在多年不变的工资制度基础上，会定期出台全国统一的总体调整方案，然后根据国家的行业发展政策以及不同地区的生活成本、企业规模等因素，分别划定不同的调资幅度。而对于企业内部的劳资管理者来说，他们的主要职责就在于严格执行国家的工资政策，并且经国家的工资政策落实到每一个具体的人员身上。市场经济体制下的企业薪酬管理流程是：在现代企业经济条件下，企业的薪酬管理是一个市场化和个性化的过程。企业的薪酬管理立足于企业的经营战略和人力资源管理，以劳动力市场为依据，在考虑到员工所从事的工作本身的价值及其所要求的资格条件的基础上，再加上团队对于个人的绩效考核与评价，最后才形成企业的薪酬管理系统。这个薪酬管理系统必须达到外部竞争性、内部一致性、成本有效性以及合理认可员工的贡献、遵守相关法律规定等有效性标准。

1. 薪酬战略与公司战略的匹配

对于追求成长战略的企业，薪酬战略是企业通过与员工共同分担风险，同时，分享企业未来的成功来帮助其实现自己的目标，使员工有机会在将来因企业的经营成功而获得较高的收入。对于实施稳定战略的企业，对薪酬的内部一致性、薪酬管理的连续性以及标准化都有较高的要求。对于追求收缩战略的企业，将员工的收入与企业的经营业绩挂钩的愿望是非常强烈的，力图实行员工股份所有权计划，以鼓励员工与企业共担风险。对于实施创新战略的企业，薪酬体系特别注重对产品的创新和新的生产方法及技术的创新给予足够的报酬或奖励，其基本薪酬通常会以劳动力市场上的通行水平为基准并且会高于市场水平，以帮助企业获得勇于创新、敢于承担风险的人。对于实施成本领袖战略企业，薪酬水平不低于竞争对手，也不高于竞争对手，在可能范围内控制总的薪酬成本支出，采取一定措施提高浮动薪酬或奖金在薪酬构成中的比重，还会制订专门的成本节约奖励计划。对于追求客户中心战略的企业，会根据员工的客户服务能力来确定员工的基本薪酬，同时，根据员工对客户提供服务的数量和质量来支付薪酬，或根据客户对员工或员工群体所提供的服务的评价来支付奖金。

2. 薪酬调查

（1）薪酬调查的概念及其种类。薪酬调查就是通过一系列标准、规范和专业的方法，对市场上各职位进行分类、汇总和统计分析，形成能够客观反映市场薪酬现状的调查报告，为企业提供薪酬设计方面的决策依据及参考。薪酬调查是薪酬设计中的重要组成部分，重点解决的是薪酬的对外竞争力和对内公平性问题，薪酬调查报告能够帮助企业达到个性化和有针对性地设计薪酬的目的。

薪酬调查的种类繁多，根据调查方式可分为正式薪酬调查和非正式薪酬调查。依据调查组织者，正式薪酬调查又分为商业性薪酬调查、专业性薪酬调查和政府薪酬调查。

（2）薪酬调查的目的。

1）确定薪酬战略。与客户企业竞争人才的公司也是与客户企业属于同一业务领域的公司。薪酬调查均针对某个特定行业进行，能够为调查报告使用者提供最具针对性的市场薪酬信息。在考虑薪酬市场定位和薪酬组合时，报告的"同地区同行业数据配比分析"部分会提供重要的参考信息。"同地区同行业数据配比分析"部分包括三部分主要内容，即行业市场薪酬整体定位；职能序列市场薪酬比较；市场薪酬构成。

通过参考这三部分信息，可以根据客户企业薪酬定位理念，确定客户企业相应职位等级的薪酬水平；其中，如果需要对某些特定部门和岗位制定单独的薪酬政策，也可以从报告中找到相应的参考信息。在确定部门整体薪酬组合时，可以参考"市场薪酬构成"部分。另外，如果需要确定特定岗位的薪酬组合，报告的"岗位薪酬结构及分布状况"部分中将提供更为详尽的分析信息。

2）职位匹配。在参考市场信息的时候，需要确定基准岗位与企业内部岗位的对应关系。这时，需要进行职位匹配的工作。在报告里，提供薪酬信息的同时还需要职位性质信息。在进行职位匹配时，首先详细阅读有关的职位描述，该信息提供了本职位通常的工作内容和职责；然后详细审核公司的职位内容，最终确定是否与市场标准职位相匹配。一般而言，如果客户企业内部职位与基准岗位有约70%的内容是相似的，即可以认为达成了较好的匹配。

3）市场定位。10%分位至90%分位分别代表了市场薪酬水平由低到高的排列情况，也代表了客户企业在选定这些分位点时使自身的薪酬水平在市场上所具有的竞争力由低到高的排列情况。在用报告的信息来调整公司内部薪酬结构时，客户企业需要根据公司人力资源战略确定公司希望加以比对的市场薪酬水平。拿到报告时，可以立即了解到客户企业薪酬水平与市场薪酬水平的对比分析结果，并会得到最有价值的针对性的分析点评信息。

4）架构设计与薪酬调整。建议企业将每个职位等级的薪酬水平设计为一段区间。这种设计方式的优点是可以为企业利用薪酬工具进行人才的吸引、保留和激励，以及控制薪酬成本提供更大的灵活度。对于薪酬水平落在此区间之外的岗位，可以采用以下方法来对其薪酬水平进行调整：对于薪酬水平小于此区间最小值的岗位，为保持企业在该岗位的薪酬水平上的竞争力，一般应将该岗位的在岗人员的薪酬水平提升到区间最小值或以上。若考虑提升薪酬所产生的成本问题，可以考虑使用分阶段提高薪酬水平的方法。对于企业希望重点加以保留的优秀员工，应当尽快提升其薪酬水平，否则将可能产生人才的流失。对于薪酬水平大于此区间最大值的岗位，可以考虑以较小的幅度提升在岗者的薪酬水平。对于那些薪酬处于较高水平而又具有很好工作表现的员工，可以考虑将其晋升到较高的职位上去。

（3）薪酬调查的原则。薪酬调查就是通过各种正常的手段，来获取相关企业各职务的薪酬水平及相关信息。对薪酬调查的结果进行统计和分析，就会成为企业的薪酬管理决策的有效依据。在进行薪酬调查时，应把握以下实操原则：

1）在被调查企业自愿的情况下获取薪酬数据。由于薪酬管理政策及薪酬数据在许多企业属于企业的商业秘密，不愿意让其他企业了解，所以在进行薪酬调查时，要由企业人力资源部门与对方人力资源部门，或企业总经理与对方总经理直接进行联系，本着双方互相交流的精神，协商调查事宜。

2）调查的资料要准确。由于很多企业对本企业的薪酬情况都守口如瓶，所以，有些薪酬信息很可能是道听途说得来的。这些信息往往不全面，有些甚至是错误的，准确性较差。另外，在取得某岗位的薪酬水平的同时，要比较一下该岗位的岗位职责是否与本企业的岗位职责完全相同。不要因为岗位名称相同就误以为工作内容和工作能力要求也一定相同。

3）调查的资料要随时更新。随着市场经济的发展和人力资源市场的完善，人力资源的市场变动会越来越频繁。企业的薪酬水平也会随企业的效益和市场中人力资源的供需状况的变化而变化，所以，薪酬调查的资料要随时注意更新，如果一直沿用以前的调查数据，很可能会做出错误的判断。

（4）薪酬调查的渠道。

1）直接面向企业调查。我们可以通过各种渠道与目标企业达成一致，共享相互之间的薪酬信息。我们可以得到目标企业的薪酬水平，同时向对方提供一些我们掌握的信息，这样达到合作共赢的目的。这种调查可以是一种正式的调查，可以采取座谈会、问卷调查等多种形式，也可以是非正式的调查，如电话沟通、私下面谈等形式。这种调查方式得到的信息往往真假参半，需要甄别或以其他信息来印证。

2）委托专业机构调查。现在，一线大城市均有提供薪酬调查的专业机构。通过这些专业机构调查可以大幅减少调查的工作量，省去了很多协调成本，但同时需要支付一定的服务费用。这种途径得来的信息一般可信度较高，但一定要注意选择令人信任的专业机构来做，以免得到的是过时的甚至是编造的数据。

3）从公开的信息中了解。有些企业在发布招聘广告时，会写上薪金待遇，某些城市的人才交流部门也会定期发布一些岗位的薪酬参考信息，另外，通过其他企业来本企业的应聘人员可以了解一些该企业的薪酬状况。由于招聘企业或应聘人员倾向于夸大薪酬，所以这些途径得来的信息可信度比较低，经常是偏高的。

（5）薪酬调查的步骤和内容。实施薪酬调查一般来讲应该分为四个步骤，即确定调查目的、确定调查范围、选择调查方式、整理和分析调查数据。

1）确定调查目的。人力资源部门应该首先弄清楚调查的目的和调查结果的用途，再开始制订调查计划。一般而言，调查的结果可以为以下工作提供参考和依据：整体薪酬水平的调整，薪酬结果的调整，薪酬晋升政策的调整，某具体岗位薪酬水平的调整等。

2）确定调查范围。根据调查的目的，可以确定调查的范围。调查的范围主要应确定以下问题：需要对哪些企业进行调查？需要对哪些岗位进行调查？需要调查该岗位的哪些内容？调查的起止时间。

3）选择调查方式。确定了调查的目的和调查范围，就可以选择调查的方式。一般来说，首先可以考虑企业之间的相互调查。企业的人力资源部门可以与相关企业的人力资源部门进行联系，或者通过行业协会等机构进行联系，促成薪酬调查的展开。若无法获得相关企业的支持，可以考虑委托专业机构进行调查。具体的调查形式普遍采用的是问卷法和座谈法（也称面谈法）。如果采取问卷法要提前准备好调查表。如果采取座谈法，要提前拟好问题提纲。

4）整理和分析调查数据。在进行完调查之后，要对收集到的数据进行整理和分析。在整理中要注意将不同岗位和不同调查内容的信息进行分类，并且在整理的过程中要注意识别是否有错误的信息。最后，根据调查的目的，有针对性地对数据进行分析，形成最终的调查结果。

3. 岗位评估

岗位评估，就是通过对某个岗位（非个人）多方面的分析，评定其对企业价值的大小和重要性的高低。

（1）薪酬的均衡。企业进行薪酬管理时，要注意薪酬的外部均衡（竞争性）、内部均衡（公平性）和个体平衡。员工薪酬水平与同地域同行业薪酬水平保持一致为外部均衡，高于和低于外部平均水平为外部均衡失调；内部员工之间薪酬水平与其工作成绩成比例为内部均衡，差距过大、差距过小为内部均衡失调。企业给员工的工资对于从事同一岗位的员工，须体现人的特质性不同创造的价值不同，即胜任力强的员工工资比胜任力弱的员工工资要高。一般情况下，个体平衡主要是通过调薪来实现的。

（2）岗位评估的含义及作用。岗位评估是企业为了某些特定的目的，通过一些方法来确定企业内部工作与工作之间的相对价值。岗位评估能使全员对薪酬看法趋于一致和满意，使各类工作与其对应的薪酬相适应；建立企业内部连续的岗位等级，让等级引导员工工作效率；建立企业内部岗位间的联系，进而组成企业整体薪酬支付系统；为新设岗位找到恰当薪酬标准。

（3）岗位评估的原则。职位评估是一项技术性强、涉及面广、工作量大的活动。也就是说，这项活动不仅需要大量的人力、物力和财力，而且还要触及许多学科的专业技术知识，牵涉很多的部门和单位。为了保证各项实施工作的顺利开展，提高职位评估的科学性、合理性和可靠性，在组织实施中应该注意遵守以下原则：

1）系统原则。所谓系统，就是有相互作用和相互依赖的若干及有区别又相互依存的要素构成的具有特定功能的有机整体。其中各个要素也可以构成子系统，而子系统本身又从属于一个更大的系统。系统的基本特征是整体性、目的性、相关性和环境适应性。

2）实用性原则。环境评价还必须从企业生产和管理的实际出发，选择能促进企业生产和管理工作发展的评级因素。尤其要选择企业劳动管理基础工作需要的评价因素，使评价结果能直接应用于企业劳动管理实践中，特别是企业劳动组织、工资、福利、劳动保护等基础管理工作，以提高职位评估的应用价值。

3）标准化原则。标准化是现代科学管理的重要手段，是现代企业劳动人事管理的基础，也是国家的一项重要技术经济政策。标准化的作用在于能统一技术要求，保证工作质量，提高工作效率和减少劳动成本。显然，为了保证评价工作的规范化和评价结果的可比性，提高评价工作的科学性和工作效率，职位评估也必须采用标准化。岗位评级的标准化就是衡量劳动者所耗费的劳动大小的依据以及职位评估的技术方法——用特定的程序或形式做出统一规定，在规定范围内，作为评价工作中共同遵守的准则和依据。职位评估的标准化具体表现在评价指标的统一性、各评价指标的统一评价标准、评价技术方法的统一规定和数据处理的统一程序等方面。

4）能级对应原则。在管理系统中，各种管理功能是不相同的。根据管理的功能把管理系统分成级别，把相应的管理内容和管理者分配到相应的级别中，各占其位，各显其能，这就是管理的能级对应原则。一个岗位能级的大小，是由它在组织中的工作性质、繁简难易、责任大小、任务轻重等因素所决定的。功能大的岗位，能级就高，反之就低。各种岗位有不同的能级，人也有各种不同的才能。现代科学化管理必须使具有相应才能的人得以处于相应的能级岗位，这就叫作人尽其才，各尽所能。一般来说，一个组织或单位中，管理能级层次必须具有稳定的组织形态。稳定的管理结构应是正三角形。对于任何一个完整的管理系统而言，管理三角形一般可分为四个层次，即决策层、管理层、执行层和操作层。这四个层次不仅使命不同，而且标志着四大能级差异。同时，不同能级对应有不同的权力、物质利益和精神荣誉，而且这种对应是一种动态的能级对应。只有这样，才能获得最佳的管理效率和效益。

5）优化原则。所谓优化，就是按照规定的目的，在一定的约束条件下，寻求最佳方案。上至国家、民族，下至企业、个人都要讲究最优化发展。企业在现有的社会环境中生存，都会有自己的发展条件，只要充分利用各自的条件发展自己，每个工作岗位，每个人都会得到应有的最优化发展，整个企业也将会得到最佳的发展。因此，优化的原则不但要体现在职位评估各项工作环节上，还要反映在职位评估的具体方法和步骤上，甚至落实到每个人身上。

（4）岗位评估的方法。常见的岗位评估方法有岗位参照法、分类法、排序法、评分法和因素比较法。其中，分类法、排序法属于定性评估；岗位参照法、评分法和因素比较法属于定量评估。

1）岗位参照法。岗位参照法就是用已有工资等级的岗位来对其他岗位进行评估。

2）分类法。与岗位参照法有些相像，不同的是，它没有进行参照的标准岗位。它是将企业的所有岗位根据工作内容、工作职责、任职资格等方面的不同要求，分为不同的类别，一般可分为管理工作类、事务工作类、技术工作类及营销工作类等。然后给每一类确定一个岗位价值的范围,并且对同一类的岗位进行排列,从而确定每个岗位不同的岗位价值。

3)岗位排序法。岗位排序法是目前国内外广泛应用的一种岗位评价方法,这种方法是一种整体性的岗位评价方法。岗位排序法是根据一些特定的标准,例如,工作的复杂程度、对组织的贡献大小等,对各个岗位的相对价值进行整体的比较,进而将岗位按照相对价值的高低排列出一个次序的岗位评价方法。

4)评分法。评分法是指通过对每个岗位用计量的方式进行评判,最终得出岗位价值的方法。评分法是工作评价中较为精确的方法。目前我国一些企业所实行的"岗位技能工资",基本上采取了这种方法。

5)因素比较法。因素比较法是一种量化的岗位评价方法,它实际上是对岗位排序法的一种改进。这种方法与岗位排序法的主要区别是:岗位排序法是从整体的角度对岗位进行比较和排序,而因素比较法则是选择多种报酬因素,按照各种因素分别进行排序。

4. 薪酬体系的设计

(1)薪酬体系设计必须根据企业的实际情况,紧密结合企业的战略和文化,系统、全面、科学地考虑各项因素,并及时根据实际情况进行修正和调整,遵循按劳分配、效率优先、兼顾公平及可持续发展的原则,充分发挥薪酬的激励和引导作用,为企业的生存和发展起到重要的制度保障作用。

简单薪酬设计的标准是针对企业需要、贴近企业实际、反映员工业绩、调动员工积极性、薪酬内部外部均衡。

简单薪酬设计的准备工作是进行薪酬调查和岗位评估;设计恰当的薪酬结构;确定薪酬的等级和范围;制定薪酬的调整政策。

简单薪酬设计的原则是公平性、适度性、安全性、认可性、经济性、平衡性、刺激性。

简单薪酬设计的使用范围是企业人员数量较少(少于30人);企业的核心骨干人员流动的风险性较小;企业没有专门的人事负责人。

简单薪酬的结构是:月收入 = 工资 + 奖金 + 福利 + 津贴。

(2)薪酬体系的具体设计。

薪酬结构:员工收入 = 待遇 + 奖金

1)待遇 = 固定工资 + 津贴 + 福利

固定工资 = 基本工资 + 技能等级工资

津贴:如住房、交通、通信、用餐、满勤等。

福利:国家规定的"五险一金"、企业福利。

2)奖金:对与生产或工作直接相关的超额劳动给予的报酬。

试用期工资可采用固定工资的变动;基薪的确定一般以学历、职称为主。

(3)薪酬体系的设计步骤。为实现上述目标,薪酬体系设计必须遵照前述原则,细致入微地开展一系列工作，才能使方案切合实际且具有广泛的接受程度及良好的可实施性。

1）薪酬调查。薪酬调查是薪酬设计中的重要组成部分。它解决的是薪酬的对外竞争力和对内公平问题，是整个薪酬设计的基础，只有实事求是的薪酬调查，才能使薪酬设计做到有的放矢，解决企业薪酬激励的根本问题，做到薪酬个性化和有针对性的设计。

2）确定薪酬原则和策略。薪酬原则和策略的确定是薪酬设计后续环节的前提。在充分了解企业目前薪酬管理的现状的基础上，确定薪酬分配的依据和原则，以此为基础确定企业的有关分配政策与策略，例如不同层次、不同系列人员收入差距的标准，薪酬的构成和各部分的比例等。

3）职位分析。职位分析是薪酬设计的基础性工作。基本步骤包括：结合企业经营目标，在业务分析和人员分析的基础上，明确部门职能和职位关系；然后进行岗位职责调查分析；最后由岗位员工、员工上级和人力资源管理部门共同完成职位说明书的编写。

4）岗位评价。岗位评价重在解决薪酬对企业内部的公平性问题。通过比较企业内部各个职位的相对重要性，得出职位等级序列。岗位评价以岗位说明书为依据，方法有许多种，企业可以根据自身的具体情况和特点，采用不同的方法来进行。

5）薪酬类别的确定。根据企业的实际情况和未来发展战略的要求，对不同类型的人员应当采取不同的薪酬类别，例如，企业高层管理者可以采用与年度经营业绩相关的年薪制，管理序列人员和技术序列人员可以采用岗位技能工资制，营销序列人员可以采用提成工资制，企业急需的人员可以采用特聘工资制等。

6）薪酬结构设计。薪酬的构成因素反映了企业关注内容，因此采取不同的策略、关注不同的方面就会形成不同的薪酬构成。企业在考虑薪酬的构成时，往往综合考虑以下几个方面的因素：一是职位在企业中的层级；二是岗位在企业中的职系；三是岗位员工的技能和资历；四是岗位的绩效，分别对应薪酬结构中的不同部分。

三、绩效奖励计划

绩效奖励计划，是指员工的薪酬随着个人、团队或组织绩效的某些衡量指标所发生变化而变化的一种薪酬设计。绩效奖励计划分为短期绩效奖励计划、长期绩效奖励计划、个人绩效奖励计划和群体绩效奖励计划。

（1）短期绩效奖励计划是把基本薪酬的增加与员工在绩效评价中所获得的评价等级联系在一起。

常见的有以绩效为基础的绩效加薪矩阵；以绩效和相对薪酬水平为基础的绩效加薪矩阵；以绩效和相对薪酬水平为基础同时引入时间变量构建的绩效加薪矩阵。

（2）长期绩效奖励计划是指衡量绩效周期在一年以上的对既定目标的达成提供奖励的计划。一般支付以3～5年为一个周期，经济目标为导向，也涵盖其他绩效要素，如客户满意度、质量改善等。该计划多集中于组织的高层管理人员，在较低层次上也有使用。主要是股票计划，也包括一些其他的经济奖励措施。

常见的股票计划有以下几项：

1）现股计划，通过公司奖励的方式直接赠与，或者参照股票的当前市场价格向员工出售股票，员工能得到股票，同时，规定员工在一定的时期内必须持有股票，不能出售。

2）期股计划，规定公司和员工约定在未来某一时期内以一定的价格购买一定数量的公司股票，购股价格一般参照股票的当前价格确定。

3）期权计划，公司给予员工在将来某一时期内以一定价格购买一定数量公司股权的权利，但是员工到期可以行使这种权利，也可以放弃这种权利，购股价格也是参照股票的当前市场价格。

（3）个人绩效奖励计划是针对员工个人的工作绩效提供奖励的一种报酬计划。

（4）群体绩效奖励计划。常见的群体绩效奖励计划如下：

1）利润分享计划。利润分享计划是根据对某种组织绩效指标的衡量结果来向员工支付薪酬的一种绩效奖励模式。根据这一计划，所有或者某些员工按照一个事先设计好的公式，来分享所创造利润的某一百分比。一般是年终奖、股票或者是现金形式支付的红利。

2）收益分享计划。收益分享计划是企业提供的一种与员工分享因生产率提高、成本节约和质量提高而带来的收益的绩效奖励模式。

3）成功分享计划。成功分享计划又称目标分享计划，其主要内容是运用平衡计分卡来为某个经营单位制定目标，然后对超越目标的情况进行衡量，并根据衡量结果来对经营单位提供绩效奖励的做法。

四、员工福利与服务

员工福利是全部薪酬中的一部分，但不是根据工作时间支付的，是由雇主以全额或部分的方式支付给员工的（如人寿保险、养老金、工伤保险、带薪休假等）。

（1）员工福利种类见表5.1。

表 5.1 员工福利种类

经济性福利	带薪休息时间	员工保险	员工服务
1. 额外金钱性收入（节假日加薪、超时加班费等） 2. 住房性福利 3. 交通性福利 4. 饮食性福利 5. 教育培训性福利 6. 医疗保健性福利 7. 金融性福利（补助金及低息贷款）	1. 工作的休息时间（包括午饭时间、小休、如厕时间等） 2. 非工作的休息时间（包括年假、法定假期、病假等）	1. 医疗保险 2. 养老保险 3. 疾病保险 4. 工伤保险 5. 生育保险 6. 企业提供的其他特殊保险	1. 文化旅游性福利 2. 其他生活性福利（洗理津贴、服装津贴等） 3. 咨询性服务（法律咨询和心理健康咨询） 4. 保护性服务（平等就业权保护、性骚扰保护、隐私权保护等） 5. 工作环境保护（员工参与民主化管理等）

事实上，企业中的福利五花八门、不胜枚举。企业除了法律政策规定的福利以外，可以提供任何有利于企业和员工发展的福利项目。

（2）弹性福利计划。弹性福利计划是让员工对自己的福利组合计划进行选择，但是这种选择受两个方面的制约：一方面是企业必须制订总成本约束线；另一方面是每一种福利组合中都必须包括一些非选择项目。

弹性福利计划为员工提供了多种不同的福利选择方案，从而满足了不同员工的不同需要。

思考题

1. 招聘的渠道有哪些？各有什么优缺点？
2. 员工培训与开发的目的有哪些？
3. 绩效考评的基本原则有哪些？
4. 为什么要进行绩效信息反馈？如何进行信息反馈面谈？
5. 试述员工培训与人力资源管理其他职能的关系。

实训题

在当地调查一个大中型企业，了解一下该企业绩效考核工作的主要特点和所采用的方法，并思考以下问题：

（1）怎样理解薪酬的概念及构成？
（2）基本的工资制度类型有哪些？
（3）怎样计算"五一"的加班工资？
（4）法定福利的缴纳比例是如何规定的？
（5）怎样设计一个完整的薪酬体系？
（6）薪资的发放是保密好，还是公开好？
（7）怎样合理管理销售人员的薪酬？

课后作业

实训目标

1. 了解招聘的程序。
2. 掌握招聘计划的编制。
3. 掌握个人简历的制作。
4. 设计招聘广告。

实训步骤

1. 汇总人员增补申请表。
2. 查看相关岗位的工作说明书。
3. 编制招聘计划。
4. 编写完整的个人简历。
5. 设计招聘广告。

实训要求

1. 招聘计划要求

（1）招聘人数。需要招聘数量往往多于实际录用的人数。这是由于一些应聘者可能对于该工作没有兴趣，也可能资格不够，或者两个原因兼而有之。

（2）招聘基准。招聘基准就是确定录用什么样的人才。其内容包括年龄、性别、学历、工作经验、工作能力、个性品质等。

（3）招聘经费预算。除了参与招聘工作的有关人员的工资以外，还需要广告费、考核费、差旅费、电话费、通信费、文具费等。

（4）招聘的具体行动计划。其内容包括：招聘工作小组的组成、制定招聘章程、考核方案和择优选聘的条件，拟定招聘简章，确定资金来源，规定招聘工作进度等。

2. 个人简历要求

（1）自荐信。
（2）个人简历（中英文）。
（3）奖励证书等。

CHAPTER

06

第六章

客户探索与客户培养

客户探索与客户培养

BIM 技术以建设工程项目的各项相关信息数据为基础，利用信息技术和数字模型对建设项目设计、施工、运营管理等全生命周期进行协同管理，具有可视化、协调性、模拟性、优化性和可出图性五大优势，是建设领域一次新的技术革命。谁掌握了 BIM 技术，谁将赢得未来。当然，客户也是一所企业最重要的资源，可以说客户是公司持续发展的根本。因此，对于客户的探索与培养应该是所有公司最为重要的部分，也是企业必须重视的地方。客户的来源和走向是每所公司所必须掌握的。

第一节 客户探索的理念与流程

一、客户探索的理念

1. 客户探索的定义

客户探索工作是销售工作的第一步，通常来讲是业务人员通过市场调查初步了解市场和客户情况，对有实力和有意向的客户重点沟通，最终完成目标区域的客户开发计划。但以上只是一个企业客户开发工作的冰山一角，要成功做好企业的客户开发工作，企业需要从企业自身资源情况出发，了解竞争对手在客户方面的一些做法，制订适合企业的客户开发战略，再落实到销售一线人员客户开发执行，是一个系统工程。

在竞争激烈的市场中，能否通过有效的方法获取客户资源往往是企业成败的关键。随着客户越来越明白如何满足自己的需要和维护自己的利益，客户是很难轻易获得与保持的。因此，加强客户探索管理对企业的发展至关重要。

2. 客户探索的前提

客户探索的前提是确定目标市场，研究目标顾客，从而制订客户开发市场营销策略。营销人员的首要任务是开发准客户，通过多种方法寻找准客户并对准客户进行资格鉴定，使企业的营销活动有明确的目标与方向，使潜在客户成为现实客户。

3. 客户探索的战略

客户探索战略一般有以下三种形式：

（1）分两步走策略。分两步走策略指的是对于那些刚进入某行业的商家，在渠道成员的选择上，不必固守一步到位的原则，允许市场上的分销成员对其有个认识过程。第一步，在渠道建立初期，接受与一些低层次分销成员的合作；第二步，待到时机成熟，产品在市场上逐步树立了走俏成员，而逐渐淘汰低层次的分销成员。

（2）亦步亦趋策略。亦步亦趋策略指的是制造商采用与某个参照公司相同的分销成员，而这个参照公司多为该公司的竞争品制造商或该行业的市场领先者。例如，饮料行业中的可口可乐。首先，渠道起到"物以类聚"的作用，将同类产品聚集起来销售是为了更好地满足消费者的需求；其次，行业中的市场领先者通常是渠道网络中的领先者，其网络中的分销成员必定有丰富的经验和良好的分销能力。

（3）逆向拉动策略。逆向拉动策略指的是通过刺激消费者，由消费者开始，拉动整个渠道的选择和建立。一般来讲，有很强实力的厂家拥有很具差异化竞争力的产品适合采取这一策略。

企业可以根据自己的实际情况选择客户探索战略，而客户开发战略的制订和选择需要根据竞争品牌情况、企业自身资源状况而定。

二、客户探索的流程

1. 借助互联网平台进行大数据分析，搜索 BIM 潜在客户资源

大数据背景下，随着移动互联网和社会化媒体的发展，用户群体的细分和碎片化时间利用效率越来越高。BIM 的推广及客户探索可以利用互联网大数据分析功能进行精准客户资源探索。针对建筑行业自身特点，结合数据分析，进行精确的市场定位，个性化定制客户的营销策略，锁定客服所服务的潜在客户人群，可以提高营销效果，有效地探索 BIM 潜在客户资源。

2. 借助互联网沟通工具，探寻客户基本需求

借助移动互联网平台进行网络沟通，实现互动营销，从而探索客户基本需求。互动营销方式既能与潜在消费者产生互动，又能植入商家广告。围绕中大型企业在线商业业务建设、电子商务项目建设需求，聚焦商业地产百货、家装厨卫等核心快速消费品行业企业用户，提供从规划咨询到资源供给等全面服务保障。遵守问答站点的发问或回答规则，然后巧妙地运用软文，让自己的产品口碑、服务口碑植入问答里面，达到第三方口碑效应。

3. 挖掘客户需求

需求是指在市场上能够引起客户的购买欲望。企业既要满足已经在市场上出现的现实性顾客需求，让每一个愿意购买企业商品的顾客确实买到商品，也要争取那些有潜在需求的顾客，提供他们所需要的商品和服务，创造某些可以让他们买得起、可放心的条件，解除他们的后顾之忧，让他们建立起购买合算、消费合理的信念，从而将其潜在需求转变成为现实需求，前来购买企业的商品。这就是"创造市场需求"。而我们真正要做到的是创造需求。在销售活动中，了解客户的需求是非常重要的。

（1）6W3H——开普门。6W3H 是英文 Who（谁）、When（何时）、Where（在哪里）、What（什么）、Why（为什么）、How（如何）、How much（多少）及 How long（多久）的缩写，是问问题必备的技巧之一。"6W3H 人体树提问模型"是一种直接询问的方法，透过询问方式，获取更多的资料。无论销售的产品是单纯还是复杂的，调查工作都是不

> 客户探索与客户培养

可避免的。人们购买商品是因为有需求,因此就销售人员而言,如何掌握住这种需求,使需求明确化,是最重要的,也是最困难的一件事,因为客户本身往往也无法知晓,自己的需要到底是什么?有一项发掘客户潜在需要最有效的方式就是询问,询问最重要的手段就是"6W3H人体树提问模型"。实践中我们可在潜在客户中,借助有效提出的问题,刺激客户的心理状态,销售顾问能将客户潜在需求,逐步从口中说出。

(2)漏斗式提问——开密码门。传统销售人员提问一般采用喇叭式提问,弊端就是,以自我为中心,一味从产品、服务展开提问,没有首先考虑到客户的需求。

漏斗式提问简单来说就是一个逆向思维,站在客户角度考虑问题的倒金字塔模式。漏斗式提问真正从客户的角度出发,并且一步步引导客户产生需求。实践证明,这种提问方式成功概率比喇叭式提问大得多。

(3)开放、封闭——开螺旋门。封闭式问题有点像对错判断或多项选择题,回答只需要一两个词,是或不是,对或错,知道或不知道等。封闭式问题的好处就在于能够确认客户对某一事件的态度和看法,从而帮助销售人员真正了解到客户的想法,针对特定的范围对目标客户进行询问,客户一般只能选择"是"或"否"。主要的目的在于引导客户注意到我们想要强调的重点或是引导对方思考的重点朝我们希望的方向发展。

开放式问题不像封闭式问题,只是回答"是与否""对与错",而是这种问题需要解释和说明,让客户根据我们的问题做多个方面的回答,答案没有一定的标准,同时,向客户表示你对他们说的话很感兴趣,还想了解更多的内容。

4. 激发客户需求

(1)遇到客户要友善热情地为客户服务,减轻客户进入新环境的局促感,然后慢慢将客户带入你们的销售环境中,为其介绍你们所销售的产品。了解客户的预期消费,选择合适的产品给客户介绍。

(2)让客户了解产品的竞争优势。不了解具体情况的客户通常会认为你所销售的产品与其他厂家的产品大同小异。如果销售人员不能及时让客户了解自身产品的竞争优势,那么就很难引起客户的注意,更无法使客户对产品产生强烈兴趣。

(3)向客户请教对产品的意见。销售人员可以根据客户提出的具体意见向客户推荐最符合其需求的产品。这种做法既可以有效摸清客户实际需求,帮助销售人员灵活巧妙地采取相应的应对措施,同时可以集中客户的注意力,让客户更积极地参与到销售活动当中。

(4)在交流中了解客户的爱好。在做销售的刺激需求的时候,需要抓住客户的爱好。从消费者心理活动的认识过程来看,消费者购买行为发生的心理基础是对商品已有的认识,但并不是任何商品都能引起消费者的认知。心理试验证明,商品只有某些属性或总体形象对消费者具有一定强度的刺激以后,才被选为认知对象。如果刺激达不到强度或超过了感觉阈限的承受度,都不会引起消费者认知系统的兴奋。刺激客户的需求,也就是说要以客户的爱好与需求来激发其购买欲。

5. 引导客户解决问题

在客户服务工作中，常常会涉及引导客户确认问题解决的情况。正确有效引导客户确认问题的解决，有助于更好地解决客户问题，平息客户情绪，提高客户满意度和忠诚度，促成服务工作的顺利进行。

引导客户确认问题的解决基本可分为三个步骤，分别是引导的前期准备，引导的沟通过程，最终的引导确认。前期准备工作包括资料准备、语言准备和可能发生的问题准备。前期准备工作完成之后，对客户的引导沟通过程正式开始。当客户产生疑虑时，采用正确的处理方式可以打消客户疑虑；当客户的问题复杂而多样化，采用正确的引导方式可以化繁为简。在与客户进行深入沟通后，适时的推动和引导往往能影响到客户的最终确认。如何引导最终确认，在客户感到服务内容满意的情况下，首先深层挖掘客户的需求，让客户感受到服务对自己来说是非常重要，且必不可少的，然后再帮助客户下决心。挖掘客户需求，通过简短的交流，准确判断出客户的需求欲望的强烈程度，并且挖掘出客户的需求和动机，对服务的需求点在哪里，是因为什么原因导致客户的犹豫不决，然后针对某个或某几个需求点围绕进行引导。帮助客户下决心，适时地帮助客户，从客户自身的角度帮助其分析利弊，最终促进确认工作的完成。

6. 抛出解决方案

面对客户的需求，不同企业可以给出许多种答案，随着沟通的进行，客户逐渐认可其中一个或者若干个，在这个基础上企业与客户继续探讨，最终达成一致共识。最后，企业为客户提供一个可度量的改善，让客户切身地感受到改善前后的进步。这时，解决方案就衍生出来了。

所以，"解决方案"是从客户的建议与诉求出发，基于供求双方对解决问题达成的共识，所提出的可度量的改善。

7. 与客户建立客情关系

客情关系是产品、服务提供者与其客户之间的情感联系。客情关系是产品、服务提供者在市场活动中，伴随客户关系建立、发展和维护所必然产生的情感联系。良好的客情关系，是销售人员必备的素质之一。客情不能保证你一定能完成销售业绩，但却是完成良好的销售业绩的润滑剂。

三、情景模拟

1. 如何进行有效的客户探索

利用互联网平台，推送公司广告，建立企业形象。借助大数据分析平台，探索 BIM 潜在客户资源。

案例：Facebook 案例简介

客户探索与客户培养

Facebook 的总部在旧金山的加利福尼亚大街。Facebook 目前有 3 500 多名雇员。Facebook 的创始人是马克·扎克伯格,他是哈佛大学的学生。最初,网站的注册仅限于哈佛学院的学生,在之后的两个月内,注册扩展到波士顿地区的其他高校,第二年,很多其他学校也被加入进来。最终,在全球范围内有一个大学后缀电子邮箱的人,如 .edu、.ac、.uk 等都可以注册。

Facebook 于 2004 年 2 月 4 日上线。2006 年 9 月至 2009 年 9 月该网站在全美网站中的排名由第 60 名上升至第 7 名,同时,Facebook 成为美国排名第一的照片分享站点。2010 年 1 月份,Facebook 的独立 IP 访问量为 1.34 亿,而 Yahoo 的则为 1.32 亿,Facebook 已经超越 Yahoo 成为美国第二大网站,仅次于位于第一的 Google。2012 年 2 月 1 日,Facebook 正式向美国证券交易委员会(SEC)提出首次公开发行(IPO)申请,目标融资规模达 50 亿美元。2012 年 5 月 18 日,Facebook 正式在美国纳斯达克证券交易所上市。Facebook 的价值网络如图 6.1 所示。

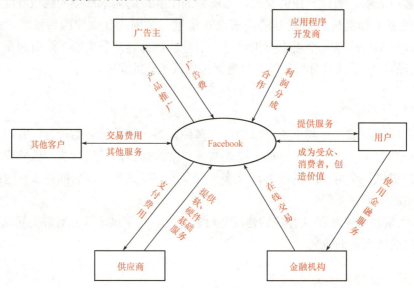

图 6.1 Facebook 的价值网络示意

Facebook 是当今世界上分布最广、用户最多的社交网络。其盈利模式有多种,具体如下:

(1)广告费用。Facebook 在每个人的 Facebook 页面上投放平面广告,收取广告主的广告费,像通用公司等都投放过类似的广告,非常昂贵,是目前最主要的盈利来源。

(2)第三方应用分成。Facebook 是全球首创只做开放平台的互联网企业,又拥有海量用户,因此有很多第三方开发商为它开发各种应用。对于付费应用而言,其收入当然需要和 Facebook 分成。目前此部分的收入不大,但未来的想象空间是可观的。

(3)游戏分成。游戏也可算作第三方应用,但这里单独列出,是因为游戏是很特殊的第三方应用,是目前用户消费最大的应用类型。用户在 Facebook 上玩游戏、购买道具必须使用 Facebook 的虚拟货币 credits,游戏的收入与第三方游戏开发商分成,大约是三七开，Facebook拿小头。

目前大概主要是以上三种盈利模式，以后会有很广阔的想象空间，例如：

（1）企业商城。现在有很多企业在Facebook上开通了账号，那么以后就有可能形成Facebook上的商城，类似天猫商城，用户可以直接在Facebook生态圈内购买商品，Facebook则可以赚取佣金、管理费等。

（2）精准广告匹配。这一点是现有广告的升级版。Facebook掌握了九亿多用户的各种数据，兴趣、职业、家庭住址等，这些都是与个人消费倾向非常相关的数据。一旦Facebook研发出精准的广告匹配算法，就能有针对性地向每个人的页面推送个性化的广告服务。广告效果上升，当然就可以提高广告价码，也会有更多广告主愿意投放广告。

Facebook的案例再次说明，拥有了海量用户，就不用担心盈利模式。

2. 借助网络沟通工具，探寻客户基本需求

（1）了解客户的需求。首先通过提问等方式，准确了解客户对产品的需求，然后再围绕客户所需要的产品展开介绍和宣传。了解客户基本需求是销售人员与客户第一次接触首先要明确的问题。

（2）获取客户信息，深入挖掘潜在需求。

（3）要引导客户的需求到自己的优势上来。在销售当中，谁是产品专家，应该是销售人员，产品是他们每天都在接触的对象，他们对于自己产品优缺点的了解，胜于客户的了解。客户对于如何实现自己的潜在需求，并不一定能够做出正确的选择，这就需要我们销售人员先挖掘问题的原因，通过外在表象找出内在需求，然后引导客户需求到自己产品上来。

3. 与客户有效沟通的障碍

与客户有效沟通的障碍主要包括个人因素、人际因素、结构因素和技术因素。

4. 探索客户开发的步骤（以人才服务业为例）

（1）提问获取客户的基本信息。例如，贵公司需不需要招聘？招什么人？招多少人？急不急？

（2）通过纵深提问找出深层次需求和需求背后的原因。例如，您的这个职位缺了多久了？您为什么不急呢？您觉得公司为什么要设这个岗位呢？

（3）激发需求的提问。例如，您不觉得有什么影响吗？您有问过其他部门的想法吗？您的老板会怎样想呢？万一怎么样那怎么办呢？为什么不把这个小问题解决掉呢？

（4）引导客户解决问题。建议您尽快把这个职位招聘到位，建议您尽快解决这个问题，您应该马上消除这个隐患。

（5）抛出有针对性的解决方案。

第二节　客户的培养

一、任务分析

1. 如何获得客户的认同

（1）及时把握最佳的时机。

> 客户没有时间去成为我所介绍产品的专家，他们所信赖的是我的专业知识。
> ——某电脑公司销售冠军

任何一位消费者在购买某一产品之前都希望自己掌握尽可能多的相关信息，因为掌握的信息越充分、越真实，消费者就越可能购买到更适合自己的产品，而且他们在购买过程中也就更有信心。可是，很多时候消费者都不可能了解太多的产品信息，这就为消费者的购买造成了许多不便和担忧。如不了解产品的用法，不知道某些功能的实际用途，不了解不同品牌和规格的产品之间的具体差异等。对产品的了解程度越低，消费者购买产品的决心也就越小，即使他们在一时的感情冲动之下购买了该产品，也可能会在购买之后后悔。

很多人都有过这样的体验，到百货公司去买一些电器产品时，同一种产品总会有至少三种不同品牌的产品，价格不一样，商家着重宣传的功能和优势等也不尽相同。面对这种情况，消费者自然不会轻易决定购买哪种产品。此时，哪种品牌的销售人员对产品的相关知识了解得越多，表现得越是专业，往往越能引起消费者的注意，而最终，这类销售人员通常都会用自己丰富的专业知识和高超的销售技能与顾客达成交易。

当客户询问某种产品的基本构成情况时，此时不必急于向客户发出进攻，因为客户此时只是想了解更多的基本信息，而不想迅速做出决定。如在此时表现得过于急功近利，反而会引起客户的反感，这将不利于彼此之间的进一步沟通。所以，在分析产品的基本构成情况时，我们的表现更应该像一个专业而沉稳的工程师，应该客观冷静地向客户表明产品的构成、技术特征、目前的技术水平在业界的地位等。当然，此时介绍产品的语言一定要力求简洁明朗，而不要向客户卖弄他们难以理解的专业术语。这个时候，对产品的基本构成分析得越是全面和深入，表现得越是从容镇定，给客户留下的印象就越是专业和可靠。建立在这一基础之上的客户培养就会比喋喋不休地对产品进行华而不实的宣传顺畅得多。

（2）对客户有求必应，有问必答。

> 为客户提供周到服务。在这里，我们把客户服务看作是每一个人的工作。
> ——戴维·鲍罗斯凯，非凡货品公司 CEO

著名营销管理学专家特里·G·瓦拉根据其多年的研究结果提出：高质量的客户服务才是促进购买的真正原因。

销售人员在销售过程当中要义不容辞地担起为客户提供服务的责任。销售人员的客户服务意识越强，客户在购买产品的过程中获得的服务就越充分，这样才能给客户带去更加满意的购物感受。也只有在销售过程中为客户提供高品质的服务，才能在实现客户满意的前提下实现销售目标。

有些销售人员对客户服务工作存有这样一种错误的观念：我的工作是说服客户签署订单，为客户提供服务的工作应该由企业中专门的客户接待人员或者售后服务人员来承担。之所以说这种观念是错误的，是因为随着经济的发展和社会的进步，现在的消费者要比过去的消费者更加精明和理智，在购买过程中获得更优质的服务已经成为他们的迫切需要。而且在产品同质化日趋严重的今天，竞争形势日趋激烈，如果不能为客户提供更优质的服务，客户就不会感到满意，从而将导致销售以失败告终。

可以这么说，如果销售人员在销售产品或服务的过程中忽视客户服务的作用，客户在购买过程中感受不到除了产品或服务本身作用之外的任何价值，那么一旦竞争对手提供更好的服务时，客户马上就会把目光投向你的竞争对手，而继续开发新客户需要花费更大的时间和精力，最终，你将因此而遭受成倍的损失。

（3）多称赞和鼓励客户。

> 与20%的客户做80%的生意。也就是把80%的时间和工作集中起来，用来熟悉占总数20%的对自己最重要的那部分客户。

——约克·麦克马特，IMG集团总裁

顾客就是上帝，针对顾客需求进行适度称赞，会对沟通产生积极的推动作用。例如，"拥有一件这么有品位的产品肯定会让周围的朋友羡慕您的。到时候，您一定要推荐他们到我这里来购买哟！"

有些人认为，付出更多不一定会收获更多。的确，付出与收获有些时候不一定是成正比的，但是有一点值得所有人注意，那就是：付出也许不会有收获，但是如果不付出，那就永远没有收获的可能。

（4）对客户进行品质和理念的引导。要想让客户说出自己愿意购买的条件，需要根据实际情况审时度势地运用一定的技巧。既要达到让客户说出购买条件的目的，又要采取一定手段暗示客户，提出的条件必须合情合理，不能完全站在自己的立场上考虑问题。例如，"那款×型豪华厨具与您挑选的这款厨具相比在制作工艺方面的确存在一定差距，不过两种产品的价格也有着天壤之别……各方面条件相互权衡一下，您认为我们做到哪些能够令您感到满意？"

注意，在对比的时候，一定要选择一款客户绝不会接受的天价产品相比较，这样才可以显示出你的产品在现有的价格水平上已经表现不错了。在强化能够实现的产品优势时，工作人员必须表现出沉稳、自信的态度，而且必须保证自己的产品介绍实事求是。同时，还有一个问题需要引起注意：你要强化的是产品的优势，而不是最基本的产品特征，介绍这些优势时必须围绕客户的实际需求展开，要从潜意识里影响客户，让客户感到这些产品优势对自己十分重要。

2. 如何有效发展客户

（1）让客户认可产品。客户关注的是产品的质量和价格，可以通过事先准备好的各种论据让客户相信，他们提出的价格在市场上只能买到质量较差的产品，而要想购买到你们提供的高质量产品，就必须支付不能低于某一标准的价格。同时，可以提供多种价格水平（自然不同的价格水平能购买到的产品质量也有一定差别）的不同质量产品让客户参照，这样，客户就会在要求让步的时候做好心理准备，而不会一味地要求按照自己提出的条件进行交易。

（2）让客户认可公司。有些人员认为，顾客购买的是产品，又不是公司，所以总是忽略对公司相关情况的了解。其实，对于顾客来说，推销员代表的就是公司，如果推销员对有关自己公司的问题不能迅速做出明确的回答，那就很容易给顾客留下"这个公司的影响力不够大"或者"公司名声可能不太好"等印象。

为此，应该对公司的具体情况加以必要的了解，比如应该了解公司的长远发展目标或未来发展方向、公司最近的某些重大举措及其意义、公司的历史沿革以及过去取得的重大成绩、公司主要管理人员的姓名、公司承载的社会责任等。

（3）让客户认可我们自己。为客户提供真诚建议，除了在客户关注的主要问题上做好充分准备之外，还应该根据实际情况在自己关注的问题上提出超出自身期待的要求。例如，你关心的是产品的价格和付款期限，那么可以先提出自己理想中的价格标准和付款期限，这样的话，当客户提出条件时，你的让步就更富于弹性。例如，你期望的价格底线是每箱货1 000元，付款期限是不超过一年，那么您可以这样与客户沟通："我们的产品价格是每箱货1 500元，有很多大客户一直以这个价格源源不断地购买我们公司的产品，他们因此获得的利润是巨大的。付款期限最好在3个月以内，因为时间太长的话，我们公司的资金周转就可能面临问题了。"

这样，就有了更大的后退空间，不至于在面临抉择时顾此失彼。

（4）让客户因和我们的合作而"更有利润"。真正替客户着想的人员，客户会把他们当朋友看待，这是客户培养成功的最有力的保障。

能够切实满足客户需求，并为客户真正创造价值的人员和企业，一定会得到客户的口耳相传；反之亦然。

任何人都喜欢得到最贴心的照顾，尤其是你的客户，当你为他们提供最合理的建议时，他们会喜欢你、尊敬你和信任你。

不要急功近利地单纯考虑眼前的业绩，而要着眼于与客户的双赢，这才可能实现你的长远目标。

（5）让客户认可我们的理念。不要运用太多客户可能听不懂的专业术语。忌夸大产品的功效和优势，不要无中生有，要实事求是。

针对客户的实际需求展开介绍，要深入客户的内心深处，并且让客户感觉到他（她）

的需求就是你工作的重心。

观察客户的反应，如果发现客户对某些介绍不感兴趣，马上停止。

当客户指出产品确实存在的缺点时，不要隐瞒，也不要置之不理，而应该做出积极的回应。比如当客户提出产品的功能不如××品牌齐全时，你不妨先肯定客户的意见，再指出产品的其他优势："是的，不过它的其他功能正好可以因此而更充分地发挥作用，而且该产品的价格比其他同类产品的价格要低 20%。"

3. 如何与客户建立互动关系

与客户建立互动关系的具体做法见表 6.1。

表 6.1 与客户建立互动关系的具体做法

联系方式	具体做法
亲身访问	要经常拜访你的客户，会赢得客户的关爱及信赖
电话	省时省事的办法，一个适时的电话应该既有礼貌又有热情
书信或电子邮件	文字是经过思考的表达，更用心，也更令人感动。信件不要太长，最好简单表达问候，附一些相关资料
贺卡或礼品	在节日、客户生日或喜庆日、纪念日之时，寄上一张贺卡，寥寥数行字的问候、祝愿使客户感受得到你的关心、热情
小型聚会	在经济、时间各方面条件允许时，组织客户参加小型客户联谊或者公司的爱心回馈等活动

联系时要注意以下事项：

（1）注意联系的时间和频率，不要形成打扰。

（2）联系时要有针对性、独特性，独特创意的方法会表明你是真的用心。

（3）以客户利益为重，所有打折信息及时告知客户。

（4）联系时多表示关怀问候，不要过分推销产品，使客户感觉你和他联系只是商业上的考虑，缺乏人情味。

二、客户培养的理念

1. 客户培养的定义

我们之所以能够约见客户，与客户沟通，表示这个客户肯定是有意向的，但之所以客户还没和我们合作，表示客户肯定对我们在某一方面还不相信，还存在着怀疑的态度。

每一个客户都有一个切入点，我们只要能够分析好这个客户是属于哪一种类型，然后再对症下药，就能够药到病除。

2. 客户培养的前提

（1）建立客户档案。

> 我已经为无数客户建立了档案，档案内容包括客户的所有重要信息，为了保证客户档案的准确性和实用性，我会随时对档案内容进行充实和完善。
>
> ——某公司超级销售代表

客户档案包括如下内容：

1）客户基本档案。即客户的基本资料、联系方式、地址。
2）客户个性化档案。即客户的情感档案、客户有什么业务外的要求。
3）客户背景档案。即客户的一般档案、客户的基础信息。

（2）建立客户资料档案要注意以下事项：经常阅读资料寻找机会，不要让档案虚设；注意及时更新资料，这个档案是活的记录，随时关注客户的变化，保持资料常新；资料要保密，隐私对每个人都很重要，资料涉及客户的个人隐私，要妥善保密；搜集的客户信息内容必须为具体的销售目标服务，同时应该力求严谨、准确和深入；利用更广阔的途径搜集客户信息，搜集方法也不必拘泥于形式；整理客户信息，弄清楚哪些客户的购买意向和购买能力较强；你搜集到的信息就是你赢得客户的商业机密，除工作需要外，否则不要轻易向任何人泄露这些机密。

3. 客户培养的战略

（1）最诚信的服务。诚实是获得客户信赖的基础，客户一旦发现他面前的人员缺少诚实的品性，无论此前双方的沟通多么默契和愉悦，他都会马上产生警惕心理，通常会迅速放弃可能已经形成的购买决定。这还不是最严重的后果，客户常常会因为销售人员不够诚实而中断彼此之间的联系，即使这种联系已经花费了销售人员大量的努力和长期的经营，而且还会影响到其他潜在客户对销售人员以及其所代表的企业的印象。

只有诚实地对待客户，才能得到客户的信赖，从而树立你及你所代表的企业的信誉。有时，一些销售人员为了顺利成交，对所销售产品的质量、性能等进行夸张处理，把劣质的说成是优质的，把产品本来没有的性能随意"嫁接"过来，产品价格也定得比实际价格高出数倍，企业原本无法做到的服务他们也随意承诺。这样做，也许会抓住一两个对产品了解不够深刻的客户，但是有过上当经验的客户下一次就会转向其他商家。一旦销售人员及其所代表的企业的信誉被破坏，那将对销售人员自己的事业以及整个企业造成致命的伤害。

我国南方某省一个偏僻地区的一位消费者到外地出差，顺便买回一台某品牌电视机。这位客户将电视机带回家中，一家人非常高兴，邻居们也都非常羡慕。没想到，不久后电视机出现了问题。客户想到，当时销售电视机的人曾向其承诺"终身保养""三年内出现问题免费上门维修"等服务，于是马上找出了电视机的保修卡，并且按照保修卡上登记的电话号码给厂方打去了电话。结果，厂方在电话中告诉这位客户："我们在一些大城市都设有维修中心,如果您购买的确实是我们的产品,并且手续齐全,那么您可以随意到其中的任何一家维修中心进行维修。"可是,客户发现,所有的维修中心离自己所住的地方都很远,根本不可能前去维修,无计可施的客户只能对着一台有待维修的电视机发愁。

此后,离客户家不远的一个小镇上有了许多品牌的电视机销售点,周围的邻居们也都想买一台电视机,但是大家都不约而同地拒绝购买上述厂家的产品。因为他们认为"这个牌子的电视机容易坏,而且坏了还没法修"。

(2)与客户之间建立相互信任。同样的话由不同的人说就会产生不同的效果。那些态度诚恳、神态自然的人说出的话,往往要比那些态度虚伪、神态不自然的人说出的话更值得人信任。为此,销售人员在与客户沟通时务必要用诚恳的态度和自信的神态打动对方,而不要躲躲闪闪、唯唯诺诺地引起客户怀疑。

对于自己做不到的事情,销售人员最好不要轻易承诺,如果已经答应了客户某些事情,就一定要想办法做到、做好。这既是对客户的负责,也是对自己的负责。随便夸海口、拍胸脯,这样极不利于树立良好的信誉。如果销售人员答应客户的事情无法做到,那就要诚恳地向客户表示道歉。而且,这样的事情千万不要发生多次,否则再多的道歉和解释都无法挽回客户的信任。

(3)高效地处理顾客的抱怨。

1)学会倾听。沟通中,"听"更为重要,听懂对方是良好沟通的基础和前提。客户经理在处理客户抱怨时应该保持冷静友善的态度,让对方感觉你在用心听,不打断、不插话,让客户多说。不明白的地方要及时提问,尽早确认客户抱怨的真正原因。

2)掌握处理客户抱怨的技巧。在处理客户抱怨时不要和客户发生争执,在了解事实的过程中态度要谦和,要及时安抚客户的情绪,帮助客户平复心情。要真正站在客户的立场和角度去体会他们的感受和心情,提出切实可行的解决方法。在无法说服客户的情况下可以选择冷处理,选择合适的时间再来解决。

3)做好事后跟踪服务。处理完抱怨后,一定要快速行动,形成有效的反应,使客户真正信任我们。在之后的工作中,要更加有耐心,细心观察和了解每位客户的真实需求,尽己所能地帮助客户提升经营能力和盈利水平,让客户感受到我们优质的服务,避免抱怨再次发生。

(4)做好后续工作。建立新的客户关系,那么后续工作则相当于"耕耘"和"收获",是将新的关系发展成为实际的客户关系的重要环节。你为客户提供的服务越到位、越体贴,客户对你的印象就越深刻。

(5)关注客户的满意度。真正的客户满意度达到后,公司与客户的关系将得到加强并最终形成如管理大师 Stephen Covey 所说的"客户协合"。"协合",按 Covey 的说法,"是在供应商与客户因交往,其相互关系发生变化时产生的,并带来了一些双方初期都没有察觉的新事物。这些交往形成了一种关系,这种关系的力量是无与伦比的,它可以让你提高竞争力。"

(6)感化流失的客户。通过一些方式与流失客户建立长期联系,比如在重要节日向客户发出信件表示祝贺，或者寄出一张别致的贺卡、送上一件客户喜欢的小礼物等。每逢公司重大活动时，邀请客户参加，如公司重要庆典、年会、客户联谊会等。记下对客户来说具有重要意义的日子，如生日、公司年庆等，表达你对他们的关注。在双方合作成功纪念日的时候向客户表示感谢，这既可以提醒客户对你表示关注，又可以为今后的合作再创造机会。

（7）要重视客户。客户就是上帝，公司对所有的客户无论大小都应该一视同仁。任何一个企业生产和制造产品的目的都不仅仅是将其卖出去而已，而是为了追求更大的利润。如果没有利润，企业连基本的生存都无法维持下去，何谈持续发展及提高竞争力呢？如何才能拥有更多的利润？除了加强内部管理之外，当然要从客户入手。如果没有客户，一切企业利润都无从谈起。

（8）让自己和客户双赢。

> 为了实现谈判的目的，谈判者必须学会以容忍的风格、妥协的态度，坚韧地面对一切。
>
> ——"全世界最佳谈判能手"霍伯·柯恩

虽然直接目标是为了以自己满意的价格销售出更多的产品或服务，但是如果只专注于自身的销售目标而不考虑客户的需求和接受程度，那这种销售沟通注定要以失败告终。所以销售人员必须要在每一次沟通之前针对自己和客户的利益得失进行充分考虑，不仅要考虑自己的最大利益，也要考虑客户的实际需求和沟通心理。

三、客户培养的流程

（1）让客户从品牌、情感、功能诉求上认同我们。要想吃到葡萄就必须伸手去摘，不付出艰辛，哪里来的签约？在联系客户之前必须做好充分的信息准备。

不仅要关注客户的反应，而且还要注意客户表面反应之后的真正用意。在不同的环境和阶段内，客户的反应通常也是不同的，工作人员必须注意客户的种种变化。

（2）营造轻松和谐氛围，打消客户疑虑。大多数客户在购买产品之前都会提出各种各样的质疑，这种反应十分正常，面对客户提出的种种质疑，销售人员要表现得信心十足，同时需要端正态度，向对方传递出值得信赖的和具有良好信誉的信息，例如，拿出能证明你产品各种优势的真凭实据，然后在这一基础上根据客户提出的不同意见来进行洽谈。

（3）做好充分的准备工作，为客户提供个性化服务。假日酒店的创始人 Kemmons Wilson 的名言是：优质服务，是构成最终胜利的因素。消费者到酒店来消费，消费的不仅仅是设施，也不仅仅是菜品，更重要的是优质周到的服务。

所谓个性化服务，在英文里叫 Personal Service，基本意思是指为客人提供具有个人特色的差异性服务，是为了让接受服务的顾客有一种满足和自豪感，个性化服务还有一层意思，就是指企业提供拥有自己特色和个性的服务项目。

（4）明确重点客户，进行适当的跟进工作。按照客户管理专家提出的"金字塔"模式，企业可以通过客户与自己发生联系的情况，将客户分成以下几种类型：

1）超级客户——将现有客户（可能定义为一年内与你有过交易的客户）按照提供给你的收入多少进行排名，最靠前的1%就是超级客户。

2）大客户——在现有客户的排名中接下来的4%就是大客户。

3）中客户——在现有客户的排名中再接下来的15%即是中客户。

4）小客户——在现有客户的排名中剩下的80%就是小客户。

5）非积极客户——非积极客户是指那些虽然一年内还没有给你提供收入，但是他们在过去从你这里购买过产品或服务，他们可能是你未来的客户。

6）潜在客户——潜在客户是指那些虽然还没有购买你的产品或服务，但是已经和你有过初步接触的客户，如向你征询并索要产品资料的客户。

7）疑虑者——疑虑者是指那些你虽然有能力为他们提供产品或服务，但是他们还没有与你产生联系的个人或公司。

8）其他——其他是指那些对你的产品或服务永远没有需求或愿望的个人或公司。

企业应设立专门的客户管理系统，通过管理系统中的相关数据，按照自己的需要对客户进行分析跟进。虽然有些客户在一段时期之内没有与自己产生重大交易，但是他们却有着很强烈的产品或服务需求。这些客户其实就是潜在的大客户，对他们应特别注意。

（5）联谊活动和情感交流活动。联谊活动和情感交流活动很有价值，能够满足顾客的爱好，从而加强顾客与企业的联系。有共同兴趣的顾客是联谊活动的候选对象。通常，建立顾客与产品、服务、企业的某种情感依恋的活动效果，或是联谊活动的效果，主要取决于企业了解和接近关键顾客的兴趣或情感联系的能力。凯特·约翰森（Kurt Johnson）在其《直接营销》一文中指出："仅当品牌代表着一种有吸引力的生活方式时，联谊活动才比较适宜"。参加联谊活动的顾客必须对企业产品有强烈的兴趣，并愿意花时间去了解产品更多的知识。联谊活动重要的是使企业或企业的产品/服务成为顾客整体不可分割的一部分。顾客珍惜企业和他自己之间的关系。换而言之，通过群体联谊或联谊活动，企业能找到提高顾客转换成本的方法，因为转换成本会招致某种类型的"失去自我"。

联谊活动致力于把企业产品/服务融入顾客的某些强烈爱好或情感联系之中。并不是所有产品/服务都适合搞联谊活动，但有些企业正在寻找有创意的方法，把产品/服务融入顾客的"情感联系"当中。

（6）进行客户满意度调查，分析客户流失的原因。IBM公司每当失去一个顾客时，就会竭尽全力探讨失去的原因，是价格太高，服务有缺陷，还是产品不可靠等。顾客流失的原因是很多的，并不是所有的流失都能够避免。有些流失是由于商业活动的外部力量造成的。如果采取正确的行动或采用新的战略，还有一些流失情况是可以避免的。一般来讲，根据顾客流失的原因，我们可以把顾客流失分为下面一些情况：

1）价格流失型。价格流失型主要是指顾客转向提供低廉价格产品/服务的竞争对手。例如，价格低廉是人民航空公司的主要吸引力，1981年唐纳德·伯尔（Donald

Burr）开优惠航线之先河。乘客可以在波士顿和纽约之间飞来飞去，费用几乎只是东部航线的一半。这样的费用对游客、学生和其他自付旅游的乘客是难以抵挡的诱惑。

2）产品流失型。产品流失型是指顾客转向提供高质量产品（或者是发现公司提供的产品是假冒伪劣产品）的竞争者。这种流失是不可逆转的。因为价格原因流失的顾客我们可以再"买"回来，但是如果顾客认为竞争对手的产品质量更好，几乎不可能再把他们争取过来。

3）服务流失型。服务流失型是指顾客由于服务恶劣而离开。这其中服务人员的素质和态度起着非常重要的作用。服务人员的失误主要源于服务人员的态度，对顾客漠不关心，不礼貌，不反应或者缺乏专业的知识和经验技能。另外，售后服务人员对顾客的抱怨和投诉没有及时的处理也会导致顾客流失。

4）技术流失型。技术流失型是指顾客转向接受其他行业的公司提供的产品/服务。20世纪80年代，王某实验室的大量顾客从文字处理器转向多功能的个人电脑。王某可以避免这些流失，但是必须接受新技术才能够做到这一点。王某最终引进了个人电脑，但是没有认真地开展营销活动，他的电脑太少，而且为时已晚，最终未难挽回顾客的流失。

5）便利流失型。便利流失型是指顾客对现有产品/服务购买的不便性而流失。这里面包括顾客对商家的地理位置、营业时间、等待服务的时间太长、等待预约的时间太长等方面感到不方便。顾客的自然迁移或者是由于商家经营地点的迁移而导致顾客购买的不便利性也导致顾客放弃原有的产品或服务。

四、任务实施

1. 确定客户取向

当客户感觉到产品或者服务在质量、数量、可靠性或者"适合性"方面有不足的时候，他们通常会侧重于价值取向。期望值受商品或者服务的成本影响，对低成本和较高成本商品的期望值是不同的。但当核心产品的质量低于期望值时，他们便会对照价格来进行考虑。一个简单的例子：一份5美元的快餐即使味道不太好，客户也会很快原谅，但是一顿50美元难以下咽的正餐引起的反应会大得多。

对于任何企业而言，客户满意是至关重要的，只有让顾客满意，企业才能生存，只有满意的客户持续产生购买行为，企业才能实现发展的可持续性。

（1）着眼于长期合作关系的建立。培育潜在大客户需要销售人员付出足够的耐心和努力，千万不可因为一朝一夕的绩效不佳就轻易放弃。有时为了建立长期的合作关系，销售人员不妨在公司允许的范围内为客户提供更周到的服务和更诱人的优惠措施。

（2）通过多种途径给客户留下深刻印象。有时候，潜在客户没有考虑到你们公司的产品，多数是由于你们没有经常与之保持良好的沟通。如果你想促成这笔交易，最好利用各种关系，如商务活动、私人关系等与具有决策权的客户进行沟通，并且让客户明白，你可以更好地满足他们的某些需求。这样，当他们决定购买此类产品或服务时，自然会首先考虑到你。

（3）充分利用现有客户的推荐。如果你与潜在大客户的合作伙伴或者竞争对手等保持友好的合作关系，那么这些现有客户对你的评价就是说服潜在大客户的最好武器，而且这还是一个省时省力达成交易的重要捷径，一定要好好利用。

顾客的价值，不在于他一次购买的金额，而是他多次回购能带来的总额，包括他自己以及对亲朋好友的影响，这样累积起来，数目相当惊人。我们假定一位顾客每次的购买金额为5元，假设其每两天产生一次购买行为，以10年计算：$5×3\,650÷2 = 9\,125$（元）。再假设该顾客在10年中又影响到10人，使他们都成为该企业的顾客，那么购买总额将扩大10倍左右。

2. 培养客户的关键过程

情景课堂：某化妆品公司的好点子。

日本的一家化妆品公司设在人口百万的大都市里，而这座城市每年的高中毕业生相当多，该公司的老板灵机一动，想出了一个好点子，从此，他们的生意蒸蒸日上，成功地掌握了事业的命脉。

这座城市中的学校，每年都送出许多即将步入黄金时代的少女。这些刚毕业的女学生，无论是就业或深造，都将开始一个崭新的生活，她们脱掉学生制服，开始学习修饰和装扮自己，这家公司的老板了解了这个情况后，于是每一年都为女学生们举办一次服装表演会，聘请知名度较高的明星或模特儿现身说法，教她们一些美容的技巧。在招待她们欣赏、学习的同时，老板自己也利用这一机会宣传自己的产品，表演会结束后他还不失时机地向女学生们赠送一份精美的礼物。

这些应邀参加的少女，除了可以观赏到精彩的服装表演之外，还可以学到不少美容的知识，又能个个中奖，人人有份，满载而归，真是皆大欢喜。因此，许多人都对这家化妆品公司颇有好感。

这些女学生事先都收到公司寄来的请柬，这请柬也设计得相当精巧有趣，令人一看卡片就目眩神迷。因而大部分人都会寄回报名单，公司根据这些报名单准备一切事物。据说每年参加的人数，约占全市女性应届毕业生的90%以上。

在她们所得的纪念品中，附有一张申请表。上面写着：如果您愿意成为本公司产品的使用者，请填好申请表，亲自交回本公司的服务台，你就可以享受到公司的许多优待。其中包括各种表演会和联欢会，以及购买产品时的优惠价等。大部分女学生都会响应这个活动，纷纷填表交回，该公司就把这些申请表一一加以登记装订，事后联系每位学生并为其提供优质服务。事实上，她们在交回申请表时，或多或少都会买些化妆品回去，再加上化妆品公司如此优质的服务态度，还会随着订立一个长期购买关系。如此一来，对该公司而言，真是一举多得。不仅吸收了新客户，也实现了把客户忠诚化的理想。

客户探索与客户培养

启示一:"攻心为上,攻城为下"。

孙子兵法说:"上兵伐谋。""善用兵者,屈人之兵而非战也,拔人之城而非攻也。"未战而屈人之兵,未战而投人之城,正是"攻心为上"的形象说明。

日本这家公司的老板正是一位高明的"攻心为上"术的使用者。他牢牢抓住了那些即将毕业的女学生们的心理:脱掉学生制服之后,希望通过装扮和修饰自己能创造一个不同于以往的形象,能更漂亮、更出众,但却不会装扮又不知该向哪儿咨询。公司老板的服装展示会和美容教学进一步激发这些少女的爱美的欲望,并使她们摆脱了"弄巧成拙"的忧虑,让她们在学习的同时,也熟悉并接受本公司的产品。

启示二:优秀的策划可以事半功倍。

一流策划创造潮流,二流策划领导潮流,三流策划顺应潮流。企业如果通过一流策划创造出使用本企业产品和服务的潮流,这样做的结果必然事半功倍。日本的这家化妆品公司将即将毕业的少女受邀参加服装展示会变成一种少女们趋之若鹜的潮流,使得"每个人都认为不应邀参加展示会的人,是天大的傻瓜"。于是,公司的服装展示会不但得到大多数应届毕业女生的青睐,还影响到了以后的每一届毕业生们。当然,只有优秀的策划是不够的,要真正形成潮流,要使新顾客成为企业的忠诚顾客,企业所提供的产品和服务必须要能给顾客带来实际的价值,否则就会像当年的"呼啦圈热"一样,热一阵马上就销声匿迹了。

启示三:要想更高效地获得客户,应改被动"等待"为主动"培养"。

为获得客户,企业大多通过广告等手段将自己的产品及服务特点宣传给广大消费者,然后就是静等新顾客的上门,当新顾客在使用了企业的产品和服务之后感到满意,他就会一次又一次地购买,最终成为企业的忠诚顾客。显然,这是一种被动"等待"过程。由于企业并没有对新顾客进行选择,也没有采取什么主动措施将新顾客牢牢"锁住",因此,新顾客中可成长为忠诚顾客的比例极低。为了能够更高效地获得忠诚顾客,企业应将传统的被动"吸引"及"等待"改为主动"拉拢"和"培养"。正如这家日本公司所做的,它先是针对即将毕业的少女这个目标顾客群,通过服装展示会及美容教学等方法主动将其拉向自己,然后利用申请表收集新顾客的信息以便提供更优质的产品及服务,通过公司的各种优待将顾客牢牢"锁住",耐心将其培养成为企业忠实客户。

3. 通过激励机制培养客户习惯

俗话说本性难移,改变客户已有习惯并不是一件容易的事情。客户在面对一个新的未知的事物,总是容易抱有一定的迟疑态度。行为心理学家华生认为刺激可以促使行为的发生。因此,我们需要对客户给予一定刺激,这就是激励机制。在推行一种服务和产品时,借助一定的激励措施可以起到比较好的效果。

比如以前手机欠费停机,人们总是要到附近的营业厅缴费或者买充值卡,碰上繁忙时段,还需要排队等候。虽然这样耗时耗力,但人们都似乎习以为常。后来,同事告诉我他通过网上缴费充 100 元参加抽奖中了 15 元话费。在同事帮助下，我也开始使用网上缴费，虽然不是每次都能赠送那么多话费，但开始习惯于这种缴费方式，再也没有去营业厅现场缴费。

4. 客户类型的分析

（1）我们有哪些类型的顾客？每种类型的顾客数量是多少？
（2）哪些顾客群对我们具有战略意义？
（3）这些顾客群对不同的营销、销售和服务有何反应？
（4）他们怎样反应？反应有多大？特别是他们在精神上和行为上是否认可我们？

5. 适当的联谊活动和情感交流活动

培养客户的策略之一是组建客户俱乐部，企业组建顾客俱乐部的能力大小取决于产品/服务的特性，但通常更多取决于企业的"个性"和诱导顾客的因素。当企业能让顾客相信他能从企业其他顾客的交往中获益时，就能组建起顾客团体。在顾客团体中，企业品牌通常成为联系群体关注的中心。

五、客户培养的经验总结

1. 确定客户取向

知己知彼方能百战百胜。要赢得培养客户忠诚的这场战争，我们首先要知道哪些因素将影响客户的取向。客户取向通常取决于三个方面，即价值、系统和人。

客户遇到不必要的复杂的办事程序、低效甚至是麻烦时，系统就成了影响其取向的因素。客户针对排长队、服务慢、雇员缺乏培训、环境差及标志不清等的抱怨，都是系统出问题的例证。

公司雇员举动欠妥、说话刻板、语气漠不关心，这时候，人便成了主要的影响因素。这还包括粗鲁、不敢目光接触，以及衣着或修饰不当。

为使生意长久，公司应当设法减少影响客户取向的不利因素，并提供超出客户预期的产品和服务以建立好的口碑。一个公司也许可以生产出最好的产品，但如果它没有将影响客户取向的不利因素减至最少，并为客户提供积极有效的服务的话，那么，很少人会留意到这家公司与其他竞争者之间有什么区别。

2. 安抚不满的客户

任何公司都可以在一帆风顺的情况下提供较充分的服务。顺风顺水地处理事情是很简单的。然而在问题出现时，好公司可以马上显示其不凡之处。

服务不周造成的危害是显而易见的。弥补这种危害带来的影响，应被视为是一次机遇而不仅仅是痛苦的例行公事。这项工作包括两个方面：一方面为客户投诉提供便利；另一方面是对这些投诉进行迅速而有效的处理。

客户探索与客户培养

用一些创造性的方法来补偿，至少是抵消客户的不满或已经给他们带来的不便。如换货、维修，可以提供上门服务。如果客户的汽车需要修理，汽车经销商可以上门拖车而不必让客户自己把车弄过来，他将赢得客户的信赖。

3. 提供 A+ 服务

在一些不同寻常的地方经常可以发现一些物超所值的东西。一篇华尔街杂志的文章曾经赞扬过韩国水原的公共厕所。这个城市为其独具特色的厕所而自豪，每个星期都向游客展示。光临的游客会被邀请"试一试温暖的厕所座位，看看冲水系统，还拍照留念。屋内回荡着悠扬的小提琴声，墙壁四周悬挂着韩国乡村风景画，还有感应式水龙头，残疾人专用滑道和太阳能热水器。"

对这种超值的感知是很主观的，但在经历的过程中人们却能实实在在地感受到。经久耐用常被视为是产品的最高价值所在，基于此，商家必须想办法让客户认识到这一点，因为客户的注意力只集中在对价值的感知上。

关键的问题是要创造条件以利于客户对价值的感知。公司可以通过改善以下几方面来达到目的：包装；保证和担保；产品的适用性；产品的纪念价值；公司信誉等。

让客户感到惊喜的最简单的办法是送给他们一些意想不到的东西，或者给他们推荐一些需要的商品。当一个鞋店售货员附鞋送给客户一个鞋拔，或者询问客户是否还愿意试一下鞋垫或一双耐用的袜子的时候，这位销售员就是在使用 A+ 推销法。不管这些附加的产品或服务是否卖出去了，这种做法确实已经产生了效用。

4. 提供 A+ 信息

每一个产品、每一项服务或者每一次的购买行为都包含有信息成分在内。比如销售食品需要提供营养成分数据、注意事项和配方。汽车、家居用品和家用电器都附有用户手册。人们通过接受这些相关信息充分感受到了产品或者服务为他们带来的各项好处。

有创新精神的公司力求通过不同方式来达到 A+ 标准。例如，雪佛兰汽车公司除了给客户提供用户手册以外，还附送录像带来指导用户如何使用他们的汽车。明尼苏达州的大陆有线电视网专设了"TV House Call"的频道，用以实时地为个人用户解决观看电视时遇到的问题。但最好的方法是分别为新的客户和老客户提供不同层次的咨询服务。

5. 给予 A+ 便利

便利主要体现在服务的速度和处理问题时的轻易程度。致力于提供高效、便捷服务的机构容易获得客户的忠诚。

其中一种提供 A+ 便利的方法是提供辅助服务。Loblaw 超级市场是加拿大最大的连锁商场，不断为顾客提供各种形式的附加服务。最近的一次创新是一个在新开的多伦多分店专门为女士提供日光浴床和托儿中心等功能的俱乐部。这个俱乐部还提供脚踏车、开设跆拳道课程等，不一而足。

和许多日用品连锁店一样，Loblaw 把很多铺面租给干洗店、饮品店、咖啡厅，还有药房和银行，但很少连锁店能像 Loblaw 那样彻底地贯彻这种经营理念。Loblaw 已经开始在一些柜台提供电视游戏和移动电话服务。这些辅助措施为顾客提供了 A+ 的便利，客户在这里可以享受到"一站式"购物服务。

在运用 A+ 策略的时候，公司应当时刻注意改进现有服务体系，使客户感到更加方便。客户需要什么，你就应当设法去满足。

选择题

1. 在日益激烈的市场竞争环境下，仅靠产品的质量已经难以留住客户，（　　）成为企业竞争制胜的另一张王牌。
   A. 产品　　　　　　　　B. 服务
   C. 竞争　　　　　　　　D. 价格

2. 客户探索与培养的终极目标是（　　）的最大化。
   A. 客户资源　　　　　　B. 客户资产
   C. 客户终身价值　　　　D. 客户关系

3. 在客户关系管理里，客户的满意度是由（　　）决定的。
   A. 客户的期望和感知　　B. 客户的抱怨和忠诚
   C. 产品的质量和价格　　D. 产品的性能和价格

4. （　　）是客户与企业关系开始到结束的整个客户生命周期的循环中，客户对企业的直接贡献和间接贡献的全部价值总和。
   A. 客户终身价值　　　　B. 创造价值
   C. 获取价值　　　　　　D. 让渡价值

5. 实施客户探索与培养的最终目的是（　　）。
   A. 把握客户的消费动态
   B. 针对客户的个性化特征提供个性化服务，极大化客户的价值
   C. 做好客户服务工作
   D. 尽可能多地收集客户信息

6. 客户培养策略成功实施的关键是（　　）。
   A. 发掘潜在顾客　　　　B. 留住低贡献客户
   C. 保持客户忠诚度　　　D. 培育负值客户

课后作业

实训目标

1. 掌握如何培养客户的方法。

客户探索与客户培养

2. 掌握如何建立客户信息档案的方法。

实训要求

1. 写出你开的网店经营的具体内容。
2. 写出你培养客户的办法（思维导图一份）。
3. 策划宣传小店的方案。
4. 制作你的客户资料卡（个人客户信息采集表1份；企业客户信息采集表1份）。

实训内容

假设你开了一家经营××物品的淘宝店，第一个月小店点击率不高，你觉得可以采取哪些办法培养客户，如何收集这些客户资料？

以10人为一小组分析在课堂上学到的三个启示，加以运用。

CHAPTER
07

第七章

合同签约技巧

第一节 把握签约的最佳时机

签合同是整个业务过程中最重要的一个环节,如果签单失败整个业务就会失败,因此,签合同在整个业务过程中显得尤为重要。

一、准备工作

(1) 首先要了解客户的基本信息、企业规模、行业地位,如果可能还要了解同类本地企业的相关信息及产品质量标准。同时,对客户规模进行分类:大型企业、中型企业、小型企业及个体经营者。

(2) 熟记公司各类规章制度和签约所需各类文件,签约客户时至少有一套完整资料备用。

(3) 了解公司各部门工作流程和服务项目,对价格套餐的设定及收费标准熟记于心。

(4) 熟记公司优势:本公司业务方面优势。

二、介绍本公司大背景优势

(1) 中央、省、市及各县(市区)的政策支持。

(2) 市商务局、农业局、扶贫办、市场管理局、质监局等诚信监督。

(3) 中央、省、市新闻媒体强势宣传覆盖。

(4) 相关高校专家及顾问团技术保障。

三、签约流程

(1) 介绍自己。
(2) 介绍公司。
(3) 介绍平台特点。
(4) 了解客户背景。
(5) 制造谈判话题。
(6) 解决疑问。
(7) 签约。

四、常见签约技巧

（1）思考客户为什么一直没有跟你签单？什么原因？很多时候这是一个心态问题。
（2）认清客户，了解客户目前的情况，有什么原因在阻碍你。
（3）不要慌，不要乱，头脑清醒，思路清晰。
（4）为客户解决问题，帮助客户做一些事情，为客户认真负责，为客户办实事、办好事，让客户感受到真诚的服务。

五、善于观察，学会聆听

善于观察，学会聆听。在与客户谈单时，一定要观察，通过对客户（眼神、举止、表情等）的观察，及时了解客户的心理变化，把障碍消灭在萌芽状态；通过聆听可了解客户的真正需要，这样就容易与客户达成共识。

第二节 合同条款与结构

一、合同的概念

合同是平等主体的自然人、法人、其他组织之间设立、变更、终止民事权利义务关系的协议。合同行为主要由《中华人民共和国民法通则》《中华人民共和国合同法》调整。

二、合同的必备条款

合同的内容由当事人约定，不得有欺诈、胁迫行为，不得违反国家法律的强制性规定。

合同一般包括以下条款：
（1）当事人的名称或者姓名和住所。
（2）标的。
（3）数量。
（4）质量。
（5）价款或者报酬。
（6）履行期限、地点和方式。
（7）违约责任。
（8）解决争议的方法。

合同签约技巧

三、合同结构

1. 标题

（1）标题要根据合同的性质来确定，如"购销合同""租赁合同"。

（2）标题最好能和合同的性质保持一致，但这不是强制性要求。认定合同的性质，主要还是看合同的内容，而非标题。但合同命题要精简明确，避免含混的合同用语。

（3）在实践中，一般可以认为"合同""协议"是同义词。

2. 首部

（1）首部只要写明双方当事人的名称（姓名）及某方即可。如"甲方：×××。乙方：×××"。

（2）双方当事人的具体信息，放在最后的签章部分写明。自然人，主要写身份证号、住址、电话。单位，主要写法定代表人、授权签章人、住址、电话、营业执照号。

3. 正文

正文按如下顺序书写：

（1）简单叙述合同目的和订立情况。如"为合作共赢，共同发展，甲乙双方经平等协商后达成以下合同"。

（2）合同目的（即合同标的）。这是很关键的部分，因为这里直接体现了合同的性质，而且当出现约定不明时，这也是解释的主要依据。

（3）合同的履行程序。将合同的履行程序独立写出来，是为了简洁明了，如同法学上将"程序法"和"实体法"分开一样，合同的履行程序就是"程序法"，双方权利义务等细节就是"实体法"。

（4）双方的权利义务。这里必须要写明数量、质量、价款或者报酬、履行期限、地点和方式。如果双方还约定了其他权利义务，也应写明。

（5）违约责任。违约责任应当明确，即对于什么情况属于违约，应怎么处理。另外，也可以对非根本性违约和根本性违约做出界定；可以就预期违约做出约定；也可以在这部分对先履行抗辩权、同时履行抗辩权和不安抗辩权做出约定。

（6）争议的解决。一般可写为："合同履行过程中如发生争议，双方应友好、平等协商解决。协商不成的，由法院或仲裁委员会裁判"。

（7）合同的变更和解除。主要写明合同通过什么程序、什么程序变更，合同怎么解除。

（8）关于合同本身的约定。这里主要是写明合同文本共几页，共几份，是否有附件，附件是否为合同本身的组成部分，合同的成立和生效。

4. 签章

这部分是用来给当事人签章的。一般自然人直接签字或按手印即可（最好不要只盖印章，因为印章容易被伪造），单位则需要盖公章。最好有单位法定代表人或授权签章人的签字。另外，如果签章的不是法定代表人，一定要查验签章人的授权文件。

四、注意事项

（1）在撰写合同之前确定合同主要目标、写作任务、完成期限、写作步骤、提交方式等内容。

（2）写数目时要文字和阿拉伯数字并用，如10（拾）。这将减少一些不经意的错误。

（3）可以在合同中加入准据法、审判地、律师费等条款。

（4）签名者如果是公司员工，一定要写上他们的职务和其所在公司的名称。

（5）可以按逻辑顺序列出合同段落的标题词，标题词要力求总结出每个段落的相关内容。

第三节 合同风险防范

合同是平等主体的自然人、法人、其他组织之间设立、变更、终止民事权利义务关系的协议。订立劳动合同，应当遵循合法、公平、平等自愿、协商一致、诚实信用的原则。依法订立的劳动合同具有约束力，用人单位与劳动者应当履行劳动合同约定的义务。在市场经济条件下，合同订立、履行的好坏，直接影响企业利润的实现和健康发展。

一、《劳动合同法》给企业带来的风险

1. 不签订书面劳动合同的风险

用人单位自用工之日起超过一个月不满一年未与劳动者订立书面劳动合同的，应当向劳动者每月支付双倍的工资。

（1）是不是所有的员工都应当签订书面劳动合同？

（2）哪些员工与单位之间存在劳动关系，没有劳动合同，可以不支付双倍工资？

（3）双倍工资是指税前工资还是税后工资？包括不包括奖金？

（4）劳动合同倒签，是否需要向员工支付双倍工资？

（5）劳动合同到期后没有续签书面合同，但是仍然存在劳动关系的，是否需要支付双倍工资？

（6）确实没有与员工签订书面劳动合同，有没有办法不向员工支付双倍工资？

2. 无固定期限劳动合同的风险

（1）无固定期限劳动合同与固定期限劳动合同的区别到底在哪里？

（2）连续两次的含义如何理解？

（3）辞退无固定期限劳动合同的员工，有没有比较好的办法？

3. 辞退不当，双倍赔偿的风险

（1）什么是合法辞退？什么是违法辞退？

（2）违法辞退的三项标准。

（3）经营理念不符，是否为合法辞退？

（4）协商不果员工离职，单位强行辞退，是否合法？

（5）员工绩效不好产生辞退，是否为合法辞退？

4. 员工辞职需要支付经济补偿金的风险

（1）员工辞职的三大种类：试用期辞职、提前三十日辞职、即时辞职。

（2）什么情形下，员工提出辞职，单位需要向员工支付经济补偿金？

（3）实践中员工提出辞职索要经济补偿金的各种形态。

二、新法环境下劳动关系的管理

新的劳动合同法颁布以后，劳动合同处于新的环境情形下进行撰写和签订，以下简称新法环境。

1. 劳动合同文本重新设计

（1）尊重必备条款。

1）用人单位的名称、住所和法定代表人或者主要负责人；

2）劳动者的姓名、住址和居民身份证或者其他有效身份证件号码；

3）劳动合同期限；

4）工作内容和工作地点（工作地点的填写方法）；

5）工作时间和休息休假；

6）劳动报酬（劳动报酬的书写方法）；

7）社会保险；

8）劳动保护、劳动条件和职业危害防护；

9）法律、法规规定应当纳入劳动合同的其他事项。

（2）灵活设计对企业有利的条款。

1）解决送达问题；

2）解决调整工作岗位问题；

3）解决调整工资问题；

4）解决工作交接问题。

2. 无固定期限劳动合同管理

无固定期限劳动合同，是指用人单位与劳动者约定无确定终止时间的劳动合同。

用人单位与劳动者协商一致，可以订立无固定期限劳动合同。有下列情形之一，劳动者提出或者同意续订、订立劳动合同的，除劳动者提出订立固定期限劳动合同外，应当订立无固定期限劳动合同：

（1）劳动者在该用人单位连续工作满十年的；

（2）用人单位初次实行劳动合同制度或者国有企业改制重新订立劳动合同时，劳动者在该用人单位连续工作满十年且距法定退休年龄不足十年的；

（3）连续订立两次固定期限劳动合同，且劳动者没有新合同法第三十九条和第四十条第一项、第二项规定的情形，续订劳动合同的。

用人单位自用工之日起满一年不与劳动者订立书面劳动合同的，视为用人单位与劳动者已订立无固定期限劳动合同。

（1）了解无固定期限劳动合同的风险。

1）辞退不了，只能继续履行；

2）正常经济补偿基础上的双倍赔偿。

（2）如何减少签订无固定期限劳动合同的风险。

1）建立无固定期限合同评估机制。评估工作岗位，哪些工作岗位可以与员工签订无固定期限的劳动合同；评估符合签订无固定期限条件的员工，决定是否与员工签订无固定期合同。

2）利用两次签订固定期限合同的机会，减少签订无固定期限劳动合同的风险；对于核心岗位员工，实行先一年，后三年的方式签约。单位就四年的时间可以评估这个员工，以决定是否与该员工签订无固定期限合同；对于一般性工作岗位的员工，实行三年加三年的方式签约。这样，企业就可以六年内使用同一员工，六年后再更换其他员工。

3）要求员工自己主动提出签订固定期限劳动合同，并保存备用，作为不签订无固定期限劳动合同的合法理由。

4）改变劳动合同签订主体。其一为在关联公司内部流动；其二为进行劳务派遣。

5）建立无固定期限合同管理机制，避免无固定期劳动合同成为铁饭碗。

其一，将劳动合同的期限与工作岗位的期限分开确定，保证企业可以以工作岗位的期限到期为由进行岗位的合法调整；

其二，加强绩效考核，保证公司可以以不胜任工作为由辞退员工；

其三，合理设计薪酬，降低基本工资，加强绩效工资，促使员工努力工作，减少企业在员工怠工时的成本。

3. 事实劳动关系风险防范

（1）先签订合同再入职。企业往往习惯于员工先报到上班后签订合同，这样做的弊端是，一旦双方就合同条款无法达成一致，企业就面临着因未签书面劳动合同而须支付双倍工资的风险。企业应要求员工在用工日前签订劳动合同，并把劳动合同的签订作为员工报到上班的条件。

（2）设计签收表格，员工领取劳动合同要签字。

（3）建立职工名册。

（4）禁止下属部门临时用工。

三、新法环境下的招聘与试用期管理

1. 招聘及入职过程管理招聘过程一般性风险提示

（1）不得将乙肝血清作为体检指标，否则罚款一千元。

（2）招聘阶段进行背景调查，防止身份欺诈及简历欺诈五种渠道：

1）向公安部门、街道办事处、居民委员会查询身份；

2）向教育部门、学校查询学历信息；

3）向原单位查询工作表现、离职原因；

4）医疗机构职前体检，了解健康状况；

5）关键岗位，由专业调查公司调查。

（3）禁止薪资面议。

（4）入职时进行个人基本信息登记，并明确虚假后果，要求员工亲笔填写。

（5）停止使用担保手段，包括人保与物保。

（6）注重单位取证意识，制作基本信息告知函，要求员工签字认可。

2. 录用条件与试用期辞退

（1）试用期考核程序风险。劳动合同期限三个月以上不满一年的，试用期不得超过一个月；劳动合同期限一年以上不满三年的，试用期不得超过两个月；三年以上固定期限和无固定期限的劳动合同，试用期不得超过六个月。同一用人单位与同一劳动者只能约定一次试用期。

以完成一定工作任务为期限的劳动合同或者劳动合同期限不满三个月的，不得约定试用期。

试用期包含在劳动合同期限内。劳动合同仅约定试用期的，试用期不成立，该期限为劳动合同期限。

在试用期中，除劳动者被证明不符合录用条件的规定的情形外，用人单位不得解除劳动合同。用人单位在试用期解除劳动合同的，应当向劳动者说明理由。

（2）考核不合格是否等于不符合录用条件引出对"不符合录用条件"定义条款。

（3）如何考核取证。考核是一个跟进的过程，需要不断地写总结和心得，考核之前，要求写自我总结，割裂考核事实与考核结论。

四、新法环境下的绩效管理

不胜任工作进行辞退的举证义务：不胜任工作；经过培训或者调整工作岗位，仍不胜任工作。

1. 不能胜任解除与绩效管理体系的挂钩

（1）不能胜任工作与业绩目标制定。
1）设定绩效目标应当符合实际情况，具有可行性；
2）目标制定应当与员工通过沟通共同制定，并要求员工签字确认；
3）确定考核标准亦要与员工沟通，并要求员工签字确认；
4）告知员工考核不合格的结果。
（2）不能胜任工作的认定与业绩考核。
1）整个业绩考核的过程注意书面化，或者按一定周期进行书面化；
2）注意在考核过程中，在进行业务指导与提高时，给员工进行辩解和陈述的机会，并要求员工书面确认；
3）有意识地将事实认定部分与考核结果部分拆分；
4）注意保留考核过程中的相关文件以及客户的反馈意见。
（3）不能胜任工作员工的处理与业绩改进。
1）调整工作岗位，并书面化通知，注意要求员工签收；
2）进行培训，保留培训记录，注意与员工确认培训内容及培训过程；
3）满足"不胜任工作""经过培训或者调整工作岗位，仍不胜任工作"条件者，可以解除合同关系，并支付经济补偿金。

2. 绩效管理的变通处理

（1）协商解除；
（2）合同终止；
（3）薪酬调整；
（4）完善配套制度，值得提倡的是，对工作岗位设定时间，与劳动合同期限区别开来。

五、新法环境下的薪酬管理

1. 克扣工资之后，员工的救济渠道

（1）监察投诉；
（2）有欠条的法院直接诉讼；
（3）申请仲裁；
（4）申请支付令，值得注意的是支付令。

2. 薪酬管理方面的实务风险

（1）劳动合同中，没有约定工资，产生风险；
（2）劳动合同中约定了工资，但没有进行结构划分；
（3）劳动合同中约定了工资，但没有约定调整工资的条件；
（4）劳动合同中约定了工资，后来有所变更，没有进行书面变更。

六、新法环境下的人才管理

1. 如何运用培训的方式留住员工

（1）签订培训协议，定性培训的性质为专业技术培训；
（2）培训协议中，明确培训费用，对培训费用范围及计算方式进行约定；
（3）培训过程中，要求员工填写培训记录，提交培训报告，载明培训时间；
（4）培训过程中，保留培训费用相关票据，注明来源，并要求员工签字确认；
（5）培训员工与员工约定的违约金的金额标准；
（6）哪些情形下，对员工进行了培训，员工辞职后仍然无法获得违约金。

2. 完善离职流程

离职过程中需要注意以下事项：
（1）保留好劳动者解除合同通知；
（2）审核劳动者解除合同通知内容；
（3）按时办理解除劳动合同手续。

七、新法环境下商业秘密保护操作

1. 建立公司的保密制度

需要建立企业档案资料及重要会议的参会人资格，对于秘密资料的交接使用方法，

存入转移等环节都要作出相应的规定。

2. 与接触商业的员工签订保密协议

（1）明确商业秘密范围；
（2）列明保密义务和泄密行为；
（3）确定保密待遇；
（4）明确违约责任，约定赔偿计算方法。

3. 竞业限制的使用

竞业限制的人员限于用人单位的高级管理人员、高级技术人员和其他负有保密义务的人员。竞业限制的范围、地域、期限由用人单位与劳动者约定，竞业限制的约定不得违反法律、法规的规定。

用人单位与劳动者可以在劳动合同中约定保守用人单位的商业秘密和与知识产权相关的保密事项。

对负有保密义务的劳动者，用人单位可以在劳动合同或者保密协议中与劳动者约定竞业限制条款，并约定在解除或者终止劳动合同后，在竞业限制期限内按月给予劳动者经济补偿。劳动者违反竞业限制约定的，应当按照约定向用人单位支付违约金。

提示：
（1）不要轻易与员工约定竞业禁止义务。
（2）竞业禁止义务必须支付经济补偿金。
（3）补偿金应当按月发放。
（4）公司可以约定免除条款，在合同结束之后竞业禁止义务履行之前，可以单方声明放弃此权利，同时免除支付经济补偿金的义务，但会产生送达风险。
（5）如何确定员工是否在履行竞业禁止义务？

八、新法环境下规章制度管理

1. 规章制度内容设计

规章制度中应该包含试用期解除、严重违纪解除、严重失职解除、利益冲突解除等法律模糊性规定的细化规定。对于利益冲突解除，属于《中华人民共和国劳动合同法》新增加的一个种类。单位需要尽到"与其他单位建立劳动关系""对完成工作任务造成严重影响"或者"经用人单位提出拒不改正"的举证责任。

探讨：兼职是否属于严重违纪？
具体细化办法如下：
（1）区分兼职岗位；
（2）建立兼职申报制度，对不申报的，按违纪处理；

（3）对兼职岗位进行严格业绩管理，以证明是否对完成工作任务造成严重影响；
（4）解雇应当谨慎。

2. 规章制度的制订程序及公示方法

（1）什么是民主制订程序？
（2）企业如何走民主制订程序制订自己的规章制度？
（3）公示的方法与风险。

3. 严重违反规章制度处理

注重取证细节，注重让员工写自我陈述，建立过失单或者自我检讨制。

九、新法环境下离职管理

1. 什么是合法辞退？都有什么样的后果？

（1）协商解除；
（2）预告解除（包括满医疗期、不胜任工作、客观情况变化）；
（3）裁员；
（4）试用期以及严重违纪、严重失职解除后果：责任只是经济补偿金。

2. 什么是违法辞退？相应的后果是什么？

不符合上述四种情形者，即为违法辞退。后果为两个：一为继续履行合同；二为支付双倍赔偿金。

3. 还有哪些经济补偿责任？

（1）合同到期终止有终止合同的经济补偿金（如何避免？）。
（2）特定情形下，员工辞职需要支付经济补偿金（如何防范？）。

4. 离职过程中的风险控制

（1）解雇理由管理。
1）辞职性离职注意保留书面文件；
2）解雇性离职加强证据管理；
3）尽量签订固定期限合同；
4）避免非法解雇。
（2）离职程序管理。
1）用人单位在非过失解除劳动合同时可以选择提前通知或代通知；
2）用人单位解除、终止通知文本要求劳动者签收。
（3）如何尽量减少经济补偿金的支出。通过终止劳动合同或改变劳动合同主体减少存量经济补偿金。

（4）离职管理交接。

1）细化工作交接管理；

2）及时办理档案和社会保险转移手续；

3）及时出具离职证明。

实践表明，出现合同风险和合同欺诈行为，几乎都与企业合同管理制度上存在漏洞有关。凡是制度不健全、措施不得力的企业都为诈骗者打开了方便之门。

因此要加强企业合同管理，建立合同管理机构和合同管理制度。对企业内部的合同管理机构和合同管理人员要进行《合同法》培训，特别要对企业的经营人员和管理层进行培训，提高他们的合同意识，掌握合同法律制度，并自觉地运用到企业的经济活动中，使企业从被动地应付和处理合同纠纷转到主动地预防合同纠纷，而增强企业的应变、发展和竞争能力，避免经济损失。目前有的国有企业已建立了合同审查委员会和法律咨询机构，设立了专职公司律师或聘请社会律师为常年法律顾问，不仅成功地保障了合同安全，而且在维护合同权益，追究违约责任方面取得显著成效。例如，某国有企业法制部门，积极协调，借助法律顾问，依法解决了欠款合同纠纷案、某村土地塌陷赔偿案等6件案件，为企业减少、挽回损失30多万元。

与此同时强化履约意识。合同一经承诺，即具有法律效力。企业的合同管理部门应及时了解和掌握合同履行的情况，通过建立合同档案和合同报表制度，及时总结合同管理中的经验教训，提高防骗反诈能力。根据合同履行情况，适时运用撤销权、变更权和不安抗辩权保护自身的合法权益。

最后要学会运用法律武器进行自我保护。对违约行为要及时申请仲裁或向人民法院提起诉讼。对合同欺诈行为要及时采取措施，尽量减少和避免损失，并请求有关部门予以打击。

总之，为有效预防、减少各种经营风险，企业迫切需要加强经济法制工作，不断健全法律服务机构，优化人力资源配置；建立、完善重大经营活动法律审查机制，规范法律服务工作程序，提供优质高效的法律服务；加强合同管理，防范合同陷阱，预防、减少企业经营或决策风险，促进企业的健康、持续、快速发展。

选择题

1. 无效合同的无效始于（　　）。
    A. 合同成立之日　　　　　　B. 人民法院判决之日
    C. 仲裁机构裁决之日　　　　D. 当事人主张之日
2. 下列合同属于无效合同的是（　　）。
    A. 因重大误解而订立的合同
    B. 以欺诈手段而订立的损害农民利益的合同
    C. 以欺诈手段而订立的损害国家利益的合同
    D. 订立时显失公平的合同

3. 无权处分合同经权利人追认为有效,其效力产生始于（　　）。
   A. 权利人追认时
   B. 合同订立时
   C. 经权利人和无权处分人协商确定时
   D. 人民法院裁定时
4. 债权人行使撤销权的方式是（　　）。
   A. 只能向债务人提出
   B. 只能向人民法院起诉
   C. 既可以向债务人提出，也可以向人民法院起诉
   D. 可以向仲裁机构提出申请
5. 关于债权人的撤销权的说法，下列不正确的是（　　）。
   A. 债权人的撤销权兼具请求权和形成权特点
   B. 债权人的撤销权是附属于债权的实体权利
   C. 债权人的撤销权不能与债权分离而进行处分
   D. 债权人的撤销权是约定的权利

课后作业

实训目标

掌握合同编制内容，熟悉合同编制流程。

实训组织

1. 收集相关资料，了解合同法规。
2. 选择适合自己公司的合同模式。
3. 进行相关合同的编制。
4. 对编制内容进行分析，防止合同漏洞及与法规相冲突的条文出现。

实训要求

1. 格式：满足相关合同格式。
2. 内容：包括合同各内容。
3. 实训时间：随堂实训。

CHAPTER

08

第 八 章

案例分析

案例分析

案例分析是向考生提供一段背景资料,然后提出问题,在问题中要求考生阅读分析给定的资料,依据一定的理论知识,或作出决策,或作出评价,或提出具体的解决问题的方法或意见等。案例分析属于综合性较强的学习方式,考察的是高层次的认知目标。它不仅能考察了解知识的程度,而且能考察理解、运用知识的能力,更重要的是它能考察综合、分析、评价方面的能力,从而在学习案例的过程中提高解决实际问题的能力。

第一节 如何开展案例分析

一、案例分析学习方法

案例分析从学习步骤上看,大致可划分为熟悉案例、案例分析、自编案例、独立思考案例中的各种问题,提出解决办法,分组讨论。

1. 少一点心理压力,多一点积极性、主动性和创造性

很多学生独立自主地进行案例分析研究并予以主动表述分析研究成果时,他们会感到很不适应,表现出种种畏难情绪,甚至还会形成一种心理压力。这种状况对管理案例分析的学习是极为不利的,不改变这种状况,所谓学习中的积极性、主动性和创造性就根本无法谈起,管理案例分析的学习的目的也无法实现。

2. 培养兴趣,进入案例角色

案例分析学习是本门课程不可忽视的阶段,在这一学习阶段上,我们最基本的方法就是通过前面所学的知识,把自己融入案例中,运用前面所学习到的知识来处理和解决创业过程中可能会遇到的问题,通过课堂讨论课后思考,老师指导来提高自己解决问题处理问题的实际能力。大多数情况下案例分析最重视的是课堂讨论,一般不要求有书面分析报告。案例在整个案例学习中占有较大的比例,原则上讲学习这类案例的目的是增强分析者对自己所学管理知识的感性认识,在模拟的现实环境中锻炼自己分析和解决问题的能力。所以,这一目的绝不是仅学习一个、两个案例就可以实现的,需要的是学习较多的案例,而且还要积极的思考。

这些阶段教学任务的落实离不开计划。即是说,在管理案例分析课开始之前就应该有一个严密的授课计划。前面介绍案例分析的特点时,说到案例分析不以固定的书本为教材,采用灵活的教学形式,其目的是激发学生更多的积极性、主动性和创造性,而绝不是主张案例分析可以盲目地进行。相反,如果我们对该课失去了严密的控制,案例分析教学中旨在激发学生积极性、主动性和创造性的形式和方法,就将成为损害案例分析

教学目的实现的破坏性因素。所以，在案例分析的教学过程中加强教学的计划性，是一个十分重要的问题。

案例分析教学的计划性，是以教学大纲的形式来体现的。教学大纲的重点内容是在明确该课总体目的和各阶段教学目的的基础上，对该课四个阶段，作出大致的时间划分。特别是在规范性案例和自编案例分析的阶段上，要对在一定时间内，学习、分析案例的数量，以及每一轮次分析在选例、分析、表述、评估等各环节上所需要的时间，及其每一环节应达到的期望标准，提出具体要求，并对为确保案例分析教学计划的实现的措施，有详细和具体的说明。

二、建立案例分析学习小组

1. 建立案例分析小组的必要性

在管理案例分析教学中，建立案例学习小组的必要性，主要体现在以下三个方面：

（1）小组活动是案例分析学习的重要形式。从整个案例分析教学来看，不论是规范性案例分析，还是自编案例的分析，都离不开学习小组的活动。正是有了这种学习小组，才可能针对一个复杂的案例，通过分工和协作，在小组的集体努力下，组员之间相互交流、启发、鼓励和支持，使得分析获得成功。

（2）小组活动能为每个成员提供发言的机会。在规范性案例分析的课堂讨论会上，并不是每个学生都可以获得发言机会的，一是受时间的限制；二是有些学生在课堂上发言，思想顾虑重重，不能畅所欲言，而在小组的学习讨论中就可以敞开自己的思想发表见解。

（3）小组的建立和管理是一种能力的培养和锻炼，对学生掌握人际关系交往方面的技巧与方法和获得这方面的能力也是十分有意义的。因为案例学习小组是一种由学生高度自治的学习组织，小组本身存在一个管理问题，管理的好坏，对组员学习有着重大影响，学生正是在这种自治性的学习组织中获得多方面的锻炼。

2. 学习小组的规模和大小

学习小组的大小及规模是建组时必须认真考虑的问题。根据实际情况的调查表明，一般学习小组以四至六人为宜，过大过小都会产生一些额外的问题。如果人员过多，首先遇到的一个问题就是集中学习的时间、地点难以确定下来，众说不一，不易协调。同时，学习小组的活动一般是安排在业余进行，时间也是有限的，人多了讨论也不充分，人太少也不好。如果一个小组少于四人，讨论就不会热烈，小组的讨论会出现冷场的情况。而且人员过少，其意见还缺乏代表性，不利于组员之间的互相启发和相互交流思想，这对案例的学习也是不利的。

当然，四至六人也并不是一个绝对数，在实践中超过六人，达到七人、八人的也有。例如，有的学员"身怀绝技"，特别有能力，或是有的学员特别需要帮助和关心。在这种情况下，这些学员都是可以作为第七位、第八位组员入组而使整个学习小组超过六人的。这样做的结果也许对提高整个小组的学习效果还都会产生一定积极的作用。

3. 建组时应该注意的问题

（1）组员应有高度的自觉性和责任感。案例学习小组的活动，一般都在业余时间展开，并且要求每一个人都应有一种精神，即力争自己的出色分析，能为小组增辉。这就需要每一个组员具有高度的自觉性和责任感。如果我们的组员，不遵守学习的纪律，无故不出席小组的活动，或者即使参加小组活动，自己也不作认真准备，每次都只带两只耳朵来听，对小组毫无贡献，毫无负责精神，自己又缺乏纪律修养，这样的组员如果多了，学习小组是不会有所作为的。因此，建组时，应该注意以下问题：一是选择组员时要讲究条件；二是建组时要明确要求以便作为约束条件，让大家日后遵守。实践说明，组员所具有的高度责任感和自觉性是小组获得成功的重要条件。

（2）组员之间的相容性和互补性。相容性主要是指组员各自的个性、气质、爱好与他人是否相投的问题。常言道："人逢知己千杯少，话不投机半句多"。如果在一个小组里，组员的脾气、个性完全不同，互不买账，不仅相互之间不能很好地沟通信息，反而经常闹对立，形成一些隔阂。很明显，这样的学习小组是绝对不会成功的。所谓互补性，是指组员在形成小组某种结构总体中的相互依赖关系，例如知识结构上的互补性，年龄结构上的互补性，性格活跃与沉默的互补，学习成绩好差的相互搭配等。讲互补性还要注意相容性的问题，例如，有的组中有些尖子生，从知识结构上考虑，一般是受小组欢迎的，但是有的尖子生过于傲慢，说话趾高气扬，不可一世，咄咄逼人，甚至经常过分地挑剔别人的毛病和不足，这必然会造成对他人的压抑。所以说，从互补性考虑，这种尖子生可能是一个好组员，但从互容性上考虑，这类尖子生又是不受欢迎的。建组时，这两方面的问题都应有所考虑，才会使建立起来的学习小组有利于案例的学习。

（3）学习小组内部的建设。小组内部建设主要有两个方面的问题：

1）小组长的人选要恰当。案例学习小组长的职责主要是：

①确定小组活动的时间；

②宣布小组学习会的开始和结束；

③传达老师对案例分析的有关信息；

④集中小组成员及讨论学习的主要见解和心得体会；

⑤在小组讨论的基础上确定小组在课堂讨论时的发言代表。

一个小组的活动成功与否，取决于小组成员的智力活跃情况。因此，能否将小组各成员的智力调动起来，这是案例学习小组长面临的一个十分严肃的问题。这就要求小组长具备一定的素质，以上面所说的可容性问题为例，如果一个组长不愿听别人的意见，不允许不同意见发表，这就不恰当了。如果在讨论中一个组长把握不住讨论的中心问题，这对讨论也是有害的。作为一个组长，不仅要自己学习案例，分析案例，而且还要管理学习小组的学习活动，可见学习小组长的担子是较重的，因此，应确定适当的人选担任学习小组的组长。

在实际教学过程中，学习小组长要管理小组必然要经受更多的锻炼，所以在有的班里，教师规定学习小组长在组员间轮流担任。有时虽然教师未作这样的规定，但在小组高度自治的情况下，组内也可以自己作出这种决定，以让大家都能在小组长这个岗位上受到更多的锻炼。

2) 组内的约法三章。为使学习顺利进行，一个学习小组应对学习案例立些必要的章程，以约法三章来限制对集体学习有害的行为，这应成为学习中的纪律。这方面涉及的内容较多，因各组的人员组成不同，条件不同（包括老师的偏爱、个性等不同），因而也涉及一些不同的问题，但有些内容是基本的。例如，规定每个组员参加讨论，必须先有所准备，发言超出主题，别人提醒要听取；参加小组活动，不得迟到早退，案例分析分工到人，必须协作到底，人人为小组出成果、作贡献，以小组成功为荣等。案例学习小组建立的有关问题，是教师在案例分析引论课阶段要进行的教学内容之一。教师除在对小组建立的必要性、规范性及其有关原则问题作必要的指导之外，还应具体指导学生建组，直到在正式进行案例学习时，每个学生都有一个小组作为其归宿。在案例分析的整个过程中，对于小组的活动都应予以关心，使学习小组在更高层次上走向成熟，以推动案例分析的教学。

分析案例的直接目的，在这里就是针对案例中的中心问题并联系与中心问题相关的信息，通过对信息的处理与加工，从管理的角度得出有关结论，直至求得合理的管理方案。这个过程在教学领域是一个学习的过程、训练的过程。如在管理岗位上对这些情况所作出的分析也就是真实的管理过程。因此，从这种意义上说，管理案例分析过程，就是追寻"最佳"管理方案的过程，寻求有效管理是分析的直接目的。管理案例分析的教学目的即是通过分析者在追求管理有效性的过程中，使其分析问题和解决问题的能力得到训练，并让这种能力得到提高。因为在教学领域里所做的这种管理案例分析毕竟不是一种真实的管理，它是在模拟的真实环境中进行的一种管理训练。管理是一种创造性的劳动，虽然每一个案例都有其代表性，可以为处理其他管理问题提供一些可供参考的经验，然而完全相同的两个案例是不存在的。因此，最有效的管理方案，不可能从被分析的案例本身的内容中得到，而应从分析的主体上去追寻，也就是说，有效的管理方案的获得与分析者的主观能力相关。管理者只要获得了分析问题和解决问题的能力，那么就能适应各种管理环境，无论情况如何特殊或多变，管理者总能予以正确把握，从既定的现象中发现本质的东西，在管理中寻求到最有效的管理方案。

第二节 案例分析教学

一、管理案例分析课与其他课程的区别和联系

1. 区别之处

管理案例分析课与诸如基础理论课、专业基础课及专业课比较起来,不仅在教学内容和特点上有许多不同之处,在教学的侧重点和教学形式上也有较大的区别。

在教学的侧重点上,理论课主要是立足于知识的灌输,一本书从头到尾教师按教学计划分章分节地进行课堂讲授,以求学生对整个教材的知识体系有所把握。而管理案例分析课的教学侧重点是立足于能力的训练,要求学生动手干,由不会到会,由不熟悉到熟悉,致力于学生分析和解决实际问题能力的培养。教学侧重点上的区别,使得管理案例分析课在一系列教学形式上也不同于理论课,这突出反映在以下两点:

(1) 课堂讲授已经不是最重要的教学形式。管理案例分析虽然也有些要讲授的内容,但比起理论课来说,要少得多,而且讲授也不一定是集中进行,而多是个别进行的。案例分析的大部分时间是花在学生自己独立的分析研究上,这里教师传授知识的形式由课堂讲授改变为对学生个别的有针对性的分析指导。

(2) 在课堂上,师生的角色关系发生了转换。管理案例分析也要利用课堂这一教学阵地,但是在课堂上教师扮演的已不是主角了,教师的前台活动已大大减少,代之而起的是学生的大量活动。例如,在课堂讨论和分析成果的表述会上,教师的讲授是极少的,可以说几乎很少看到教师的活动,在课堂上唱主角的是学生。正是这种形式为培养和训练学生分析和解决问题的能力,提供了机会和舞台,使得管理案例分析的教学目的得以实现。

除上面所说的这些区别外,我们还可以列举一些其他不同点。总之,管理案例分析与理论课的区别,都源于该课所特有的教学目的。分析这些不同点,其意义在于要求我们在学习过程中要善于寻找最有利于实现其教学目的的有效形式,以取得管理案例分析教学的最好效果。

2. 联系所在

在说明了管理案例分析与其他课程的区别之后,有必要进一步考察案例分析课与其他课程的联系。

仔细分析现行管理专业课程设置的体系结构,我们基本上可以将其划分为两大类课程:一类是理论课程;另一类是实践课程。那么案例分析课属于哪一类呢?

管理案例分析不属于理论性课程。虽然案例分析也有自己独立的知识体系,但是从

现有的研究来说，还不足以使其成为一门独立的学科。案例分析的知识体系是一个多学科的综合体，而且侧重在介绍案例分析的技巧和方法上。

管理案例分析也不是实践课。虽然要分析一个管理案例也要到实际中去，但是到实践中去，目的是调查，获得实际材料，还不是去做实际操作。具体地说，管理案例分析成果还是课堂上的东西，它还不立即付诸实践，而且在案例分析中伴随着对有关理论更进一步的学习，这种学习是案例分析课程不可缺少的一部分。

管理案例分析既不属于理论课程，又不雷同于实践课程，它是介于理论课与实践课之间的具有过渡性质的课程。它的功能在于促使理论和实践的结合，并在这种结合中促使分析者知识向能力的转化。

管理案例分析课与现有的理论性和实践性课程有着紧密的联系。正是学习了诸如基础理论课、专业基础课和专业课，获得了有益的、必要的知识，我们才可能展开对案例的科学分析。因此，从这一角度看，理论课是管理案例分析的基础，同时，也正是多次的管理案例的分析训练，使我们能较熟练地运用所学知识观察问题、解决问题，从而为我们在实践性课程的学习中取得好的成绩准备条件。在教学的实践中，我们清楚地看到，经过管理案例分析学习和训练的班级和未开设过管理案例分析课的班级，同在完成毕业论文课程上，有着两种不同的情况，前者明显优于后者。因此，出于这样的实际情况，我们可运用一句话来概括管理案例分析课与其他课程之间的联系，那就是：管理案例分析以基础理论课、专业基础课和专业课为理论基础，并以自己独立的知识体系形成这些课程的后续课，而又为诸如毕业论文等实践性课程做好准备，构成实践性课程的先导课。

充分认识管理案例分析课与其他课程的联系，有利于我们明确该课的性质，掌握该课的学习方法，促使我们在不断完善自己的知识结构中，迅速提高知识的运用能力，也即是分析和解决实际问题的能力。我们的分析就始终能够沿着正确的道路进行，而不至于走向盲目。

二、案例教学在国内外的发展

1. 案例教学的产生

管理案例分析作为管理教育的一种形式与方法，是伴随着管理实践与理论的发展和变化而产生的。随着计算机技术的发展以建筑工程项目的各项相关信息数据作为基础，建立起三维的建筑模型，通过数字信息仿真模拟建筑物所具有的真实信息。它具有信息完备性、信息关联性、信息一致性、可视化、协调性、模拟性、优化性和可出图性八大特点。

（1）工程技术管理案例、企业管理案例、创业案例。在我国的教学实践中，用大量实际情况和经历材料来训练学生，由来已久。医学院采用的病例、军事学院采用的战例与法学院采用的判例所进行的教学，都属此类。只是上述这些教学所提供的案例是当作

案例分析

一种可模仿的范例来起作用的,其案例并不要求学生自己去处理,从某种意义上说,它们都是一些已经终了的过程。而本书案例则不然,它要求学生自己去处理案例,以锻炼他们实际的管理能力,主要涉及建筑工程技术管理、企业管理、创业经验等。

(2)从管理通则到案例教学。欧美一些主要的资本主义国家在完成工业革命之后,凭其经验进行管理的家庭手工作坊式的小企业,逐渐退出历史舞台,继而以大企业为代表的社会化大生产方式迅速发展起来。为了适应管理的需要,现代管理学的先驱者们试着总结出了为数不多的、明确精练的管理通则来指导管理的实践。与此相对应,在管理的教育中主要是以这些通则为内容,采用灌输性"结构式"教学法,进行长篇系统地讲授。

然而到了20世纪初,社会化大生产发展到了空前的规模,企业越来越大,管理面临的环境与形势也越来越复杂,越来越多变。那些由管理的先驱者们所总结的少数通则的局限性也越来越明显。为了适应变化了的情况,只好加上一些"例外规则"。随着"例外规则"的增多,实际上也就失去了指导意义。面对瞬息万变、头绪纷繁的局面,管理者的成败,显然不是取决于对一些"通则"的一般了解,而是取决于审时度势、剖析权衡、把握战机、对症下药的工作能力。这种能力的获得又显然不是单靠读书和听讲所能获得的,而需要的是在实践经验中的学习与体会。

不过,如果强调事事亲身实践,要求学生走出校门,深入企业,完全以实践代替学习,这不仅失去了学校教育的特点,而且在时间上也难以把握。短期实习,犹如蜻蜓点水,体会不深;长期蹲点,一则学制不允许,二则蹲在点上,所接触到的也只是个别具体情况,因此,所获难免片面。正是管理教育在这种进退维谷的形势下,管理案例教学法便应运而生了。

管理案例所具有的拟真性,把一个个独特的但为数众多的具体管理情景揭示给学生,使学生不离校就能"了解"到大量各式各样的实际管理局面,经济而有效地使他们弥补了实践的不足。但其意义还远不止于此,管理案例分析不是单纯的"代理式学习"(即通过学习别人的直接经验而取得的第二手间接经验式的学习),因为学员通过自己和集体在假定的、模拟的但接近实践而又逼真的不同管理环境中多次操演锻炼,如亲临其境,感同身受,这比单纯"代理"深刻,效果甚至优于演员的彩排、士官生的图上或沙盘作业乃至实弹演习。

2. 案例教学在国外的产生和发展

管理案例教学法为美国哈佛商学院于20世纪20年代所首创和倡导,它刚一问世就显示出了强大的生命力,特别是在培养适用型、应用型人才方面具有独特的功能效果。所以受到美国企业界、学术界、教育界的重视和支持,一些资金雄厚的大基金会也解囊相助。到了20世纪40年代,哈佛已开始有了初具规模的包括案例的选题、搜集、编写、应用、储存、建档、注册、审批、更新、发行、经销、交换、版权保护等各方面在内的较完整的管理案例系统,案例法普遍用于大多数管理课程的教学中,某些教授在一些高年级综合性管理课程中,甚至把案例教学当作主要甚至是唯一的教学方式。管理案例教学发展至今,不但已传遍美国各院校,而且早已波及世界各国。

3. 案例教学在我国的产生和发展

案例教学法在我国的运用还相当不普遍，人们说的多，真正做的少，甚至有不少管理学教师还不知道什么是真正的案例教学。由于长期以来学生也习惯了传统的教学法方式，对于采取案例法教学有些学生一时也难以适应。但是真正经过了一个案例教学的实践过程，情况就发生了重大变化。我国案例教学的实施，最初比较有影响的是大连培训中心对管理干部的培训。该中心当时从美国聘请来的教师，有哈佛商学院的J·巴鲁奇、达特蒙大学的J·B奎因、哥伦比亚大学的J·纽曼等，这些教师基本上采用的就是案例教学法。由于我国的干部学员一时不习惯这种教学形式，起初还产生过一些抵触情绪，但随着学习的深入，逐渐体会出了其中的味道，最后结束时，多数人反映开设这种课很有收获。总体说来，案例分析教学在我国发展还是较慢的，原因如下：

（1）中华人民共和国成立后在相当长的一个阶段，我国的管理教育比较薄弱，管理院校寥寥可数，对管理教育的方法研究自然明显不足。

（2）传统的一本书、一支粉笔和由教师进行课堂讲授的教学模式，根深蒂固，具有较大的惯性，使新的教学手段和教学方法难以破土而出。

（3）进行案例教学本身具有一定的难度，指导案例教学的教材缺乏，教师没有这方面的经验。同时，再加上案例教学本身还有些局限性，例如难以实现宏观管理的课程；没有必要的一定量的案例储备，教学就难以开展等。

这一切形成了管理案例教学在我国姗姗来迟而又发展缓慢的局面。但是随着市场经济体制的建立和深入发展，社会对教育的要求也越来越高，特别是当前针对传统教育模式的某些弊端，要求教育尽快尽多地培养出适用型、应用型人才的呼声已越来越高，可以相信，管理案例教学法将会有一个迅速的发展，并将为我国的管理教育开辟出一条新的道路来。

三、管理案例分析的教学目的和意义

1. 管理案例分析的目的

管理案例分析的主要目的是培养学生分析问题和解决问题的能力，对于管理专业的学生来说就是培养他们从事实际管理工作的能力。

管理学的特征如下：

（1）对实践性、综合性、权变性的理解。

（2）传授知识与培养能力同等重要。

管理学的特征告诉我们，在管理教育中向学生传授最新管理知识固然十分必要。但是，这还很不够。一方面是因为知识本身总在不断发展，新知识也会老化，需要不断更新；另一方面是知识需要在更多的感受和与实践的结合中才能更好地理解和掌握。因此，在管理教育中，我们应将传授知识、培养能力作为管理教育培训的基本目的。知识和能力是密不可分的，但在这里我们要特别强调能力的培养。这是因为长期以来应试教

案例分析

育形成了巨大惯性，使人们比较重视知识的死记硬背，而忽略对能力的培养，以致在学生中高分低能现象相当普遍。管理案例分析的教学目的的确定，正是导源于此。

2. 管理案例分析的教学意义

（1）帮助学生建立起知识体质，深化课堂理论教学。
（2）增强学生对专业知识的感性认识，加速知识向能力的转化。
（3）推进"启发式"教学，提高教学质量。

四、管理案例分析的教学内容和特点

1. 相互联系的双重内容

（1）案例分析的直接对象所涉及的内容。案例分析直接对象是一个个的管理案例，案例涉及的内容相当广泛。就一个企业而言，管理的有关组织和原理、企业的经营决策和经营计划、生产过程的管理以及科学技术管理和其他职能管理等多个方面都是案例反映的内容；甚至可以说，企业的全部生产经营活动都能构成可供分析研究的案例。诸如企业纵向领导层管理中的轮班管理案例，车间管理案例，企业战略决策管理案例；企业职能管理中的生产计划管理案例，设备管理案例，技术改造管理案例，财务管理案例，销售、供应管理案例，劳动人事管理案例，以及现代化管理技术运用案例等。

（2）案例分析研究本身的方法、技巧所涉及的内容。从案例分析本身所应讲究的技巧和方法来考察，所涉及的教学内容也是多方面的。分析研究是一个思维运行的过程，而且是一个创造性思维过程。分析成果的表述，无论是书面表述，还是口头表述，都是一种读、写、说的综合训练。这些过程所涉及的学科和知识十分广泛，甚至可以说是一个综合的知识和技能体系。

2. 重实践、重能力培养的教学特点

（1）管理案例分析以现实的管理案例为研究对象，没有固定不变的教材。不以固定的书本为唯一教材，这是管理案例分析课在教学要素的组织方面，明显与其他课程相区别的地方。管理案例分析课不以某一本书的章节来控制教学的进程，而是面对案例，通过分析研究现实的管理活动，在总结管理的经验和教训以及寻求管理的有效性的过程中吸取新的知识，培养和诱发出现实的管理能力。当然，管理案例分析这一教学特点并不意味着是对现有教材包括有关基础课和专业课教材的否定。管理案例分析不以固定的书本为唯一的教材是出于两个方面的考虑：一方面，管理案例分析课是在高年级开设的。在开设该课程之前，学生已经进行了多学科的理论学习，学生在基础理论和专业理论方面已经有了一定的基础。这正是管理案例分析课可以不以固定书本为唯一教材的前提条件。另一方面，任何教材（书本）都是一定历史阶段的产物，随着人们认识的不断深化和实践的不断发展，它总需要不断补充、丰富和更新。而且以固定的某本教材为蓝本的理论教学，尽管我们一贯提倡理论和实际相结合，但理论和实际相脱节的现象总是存

在，以致在学校我们经常看到不少高分低能的学生，不能说这不是传统理论教学模式给我们留下的缺口和不足。管理案例分析主张不以固定的书本为唯一教材，意在要求学生能够丢开书本，面对实际，从具体的活生生的管理案例中，寻找理论和实践的结合点，训练自己运用所学理论知识去分析研究实际问题的能力，进而从实践的角度，使自己所学到的书本知识得到巩固、补充和丰富。

（2）尊重别人过去的经验，但更重视分析者现时的见解。在案例分析中我们也主张认真研究和学习别人过去的经验（包括教训），原因是这些经验作为一种有益的知识，对我们有借鉴作用，同时，也有利于培养分析者的务实精神和分析处理问题的系统观和整体观。然而，管理案例分析课更为重视分析者自己现实的见解，这包括分析别人的正反经验，以及产生这些正反经验更深层的原因等。特别提倡针对过去的管理案例，提出新的具有创造性的管理方案。对分析者所作出的这些要求，正是管理案例分析课重视能力培养这一特点的具体体现。

要求有自己的见解，力争有创造性，这对于管理专业的学生来说，是特别重要的。管理本身就是一种创造性的劳动，一成不变的管理是不会有生命力的。国外学者对美国管理的适应性问题做过这样的调查研究：将在美国产生的管理原理，分别用到在美国由美国人经营的公司、在印度由美国人经营的公司和在印度由印度人经营的公司，结果是同一原理在这三类不同公司里所产生的效应完全不一样。问题出在什么地方呢？显然不在原理的本身，而是因为影响原理实施的因素发生了变化。三类公司至少有着两个不同国度在政治、经济和文化等方面的差异，它们是不可能有相同结果的。由此可见，教条式地运用一些原理去从事某种管理，那是书呆子的做法。正确的方法是根据不同情况对原理进行灵活地、创造性地运用，只有这样才能产生好的结果。在管理案例分析的教学中，我们特别重视分析者自己的现实的见解，注意分析者实际管理能力的诱发，其意义也正在于此。

第三节 具体案例分析

案例 1

拥抱互联网的创新实践者——功夫工程

互联网经济是当下最为热门的经济领域，许多行业都在如火如荼的互联网技术风潮之下，打破原来的运行模式。2000 年李彦宏在中关村创建一家用搜索框改变知识获取方

---

* 本案例由四川友联亿思科 CEO 张淦整理提供

> 案例分析

式的百度公司；2003年马云创建了改变中国人商品购买方式的淘宝网；2010年王兴借鉴美国Groupon创建了改变国人和商家消费关系的团购平台美团网；2013年程维创办了改变中国人出行方式的打车平台滴滴。在衣食住行各个领域互联网已经改变了中国人生活的方式。

2012年在与朋友的一次聚会中，一位在建筑工程设计领域工作了一段时间的年轻工程师被朋友问起是否有通过互联网接到过工作的订单，因为这位朋友所在的公司是一家全球化的IT外包企业，公司的订单主要是通过互联网外包平台获得，客户来自北美、加拿大、新加坡等世界各地，借助平台的渠道，他们与客户通过远程会议、远程协作的方式完成工作。这让这位工程师突然间觉得自己的工作方式好像是在上个世纪一样，因为他从没有听说过这种工作方式，但是，他感觉到这一定是未来的趋势。

2016年3月的春节过后，这位年轻的工程师从设计单位辞掉了工作，拿着一张A4纸，上面描绘着一个工程行业技术众包平台发展框架的草图，开始踏上了他的创业之路，他将产品命名为功夫工程，因为他知道这将是一件需要下足功夫才能干成的事。

理想不值钱

开始之初，在建筑工程技术众包平台领域中根本没有一家成熟的平台可以借鉴和参考，几乎相当于要在荒地中开垦，对于商业模式和用户需求的分析可以说根本是雾里看花。那张A4纸上他准备了3个月的发展规划，仿佛并不能够帮助他顺利回答如何构建一个产品，具体为用户提供什么样的功能，更不要谈如何从用户那里挣到钱。

幸运的是他聘用了一位相对专业的产品经理，这时他才知道原来对一个产品的分析和准备远不止一张发展规划图。市场调查、竞品分析、用户需求分析、商业模式梳理、开发计划都是产品开发的重要环节，这也将影响到整个团队是否坚信他们努力的方向。

因此，在起初的3个月里，他保持了5个人团队，把主要精力集中在产品计划上以及开发技术的准备上。团队大胆采用了Python作为新产品的开发语言，因此，技术团队需要一定的时间解决技术框架的一些问题。值得一提的是，对于一个好产品来说，建立自己的开发团队将有助于在需求迭代中增强产品功能，这也是后来产品成功上线的一个重要因素。

功能不是产品

在2016年年底第一个用户测试版本上线，基本实现了线上交易环节的功能。在经历一次推广后，从用户那里得到的反馈是，产品真的不够好，用户在平台上感觉不到交易保障。从同行朋友和意向伙伴那里，得到的反馈是他们不知道平台的收费方式，也不知道平台靠什么模式收入和生存下去。对于这样一个新平台，用户普遍不知道好在哪里。因此，这位创始人感觉到必须倾听用户的声音，以及将产品回炉重造。

经过反思，用户其实并不是不需要这样的产品，如果是放在10年以前，产品中的功能已经足以让用户尖叫了。但是，现在不一样了，人们每天都在使用着各类非常优秀的产品，用户会把这些高标准的要求带到其他产品中，满足现在的用户不再是一件简单的事情，让用户做出选择需要做更多的事。

它山之石，可以攻玉

在产品踌躇之际，面对盈利模式和用户增长难以解决的问题，在关键时刻，团队选择了深入地向其他行业类似平台学习取经。在2017年上半年，公司代理了知名的威客平台的区域运营中心，从平台保障体系、增值服务产品体系、运营客服体系、品牌输出战略等方面得到了宝贵的经验。也在这段时间，产品部门也得以重新全面地梳理商业模式和产品设计。2017年7月，新版本的开发计划重新确立。

改进产品赢得用户

2017年12月新版本终于开发完成，在用户预览体验中，获得了想当好的认可和好评。2018年1月，功夫工程新版正式上线，在上线半个月中，就已经完成多笔订单，实现了真正的平台化交易。并且，用户开始向我们提供建议和帮助，部分用户开始为我们介绍订单，成了平台的粉丝。现在，大学和知名企业已经开始与我们合作。工程师团队纷纷表示愿意接受这样一种新的工作方式，并且对于平台的收费方式，用户普遍表示非常合理。目前，团队已经在拟定新的计划，在市场开拓和合作伙伴方面加快速度。

时代为我们插上翅膀

工程咨询是一个非常专业的技术领域，涵盖工程规划、工程设计、工程测量、工程造价、效果图、施工资料、项目管理，以及当前非常热门的BIM技术，2017年国家统计的工程勘察设计行业市场规模约为1.5万亿。在过去的时代，我们称为功夫工程之前的时代，技术资源、协作方式、管理方式都是非常依赖于公司这样的组织。然而，在新的互联网技术、人工智能快速发展的时代，行业需要新的生产和组织方式，一切都需要围绕如何高效解决用户问题。功夫工程的创业故事，只是这个时代乐章的一个小节，是时代赋予了他们新的机会。他们敏锐地看到了这一切，并且付诸了实践，也许这只是一个开始。

众包，新的价值创造方式

"众包"这一概念最早是由美国《连线》杂志的记者杰夫·豪（JeffHowe）在2006年6月提出的，是分享经济这个新兴行业的重要组成部分，10年来世界范围内产生了诸如维基百科或是YouTube这样的网站。企业、组织的核心价值几乎完全来自用户进行的价值创造。发展至今，众包模式已经在各个行业中所成就、所涉及的行业包括非政府组织、地图、天气预报、设计、图片、输入法、主题、用车、生活服务、餐饮、快递、医疗、家政等。2017年国内的市场规模已超过2万亿，同比增长超过1倍，累积5亿人参与这场风潮，拉动1亿人次就业机会，为社会创造巨大的经济效益和民生价值。

思考

1. 功夫工程众包平台会遇到哪些困难，有什么措施可以解决？
2. 假设你作为功夫工程众包平台的业务部经理，会采取哪些措施拓展公司？
3. 作为拥抱互联网的创新实践者，功夫工程众包平台有哪些自身的优势？

案例分析

案例 2*

我们所处的这个时代，每天都有千千万万的人加入创业大潮中，每天又都有千千万万的人被无情地淘汰出局。作为他们中的一员，何某某和很多人一样尝遍了成功的喜悦和失败的痛苦，摸爬滚打，历尽艰辛。最深的感触是，一个人在开始创业的时候，往往并不清楚自己要干什么、最适合干什么。只有不断地尝试，不断地失败，不断地总结、反省，才可能守得云开见日出，找到成就事业真正的起点。创业之前，她在南充一家建筑公司做技术人员。收入不算高，但常有机会出差，日子过得优哉游哉。一次她到成都去参加一个技术研讨会，突然发现很多昔日的同行都已自立门户开始创业，她的心也活了。回到南充，她鼓足勇气把创业的想法向公司老总讲了。当时公司正愁人员富足，老总也觉她人还不错，就让她承包公司下属的一个建材分公司。对于做钢材之类的生意，她认为自己正好适合——所谓"没吃过猪肉，也见过猪跑"，无非就是摸关系，趟路子，吃吃喝喝，酒后签单……而这，恰是她的拿手好戏。再就是满腔的热情和对成功、财富的向往之情，令她平添无数过去没有的动力。一段时间里，陪着各种各样的人出入于各种各样的场所，别人和自己的经验都开始证明，只要关系网理顺了，财富就会像水一样顺着这些网线淌过来。那时南充的房地产业行情正好，对钢材的需求量一天天增大，她就在这方面动脑筋，拿到了不少单子，开始有了最初的财富积累。但是很快由于竞争的激烈，大量的建筑材料公司恶性竞争，建筑商拖欠工程款严重。她的这套操作模式渐渐行不通了。她发现，无论如何用力勾兑，不仅市场难做了而且很多项目怕不少收钱也不敢去做了。她只好离开了建材公司。看着不少同时下海的人生意越做越红火，心里真不是滋味。但她坚信自己不会输给别人，就算为了朋友见面仍然叫她何总，她也得重新站起来！很快，她在城南租了一个大门面，搞涂料批发。这是一个纯粹的"面子工程"：第一，自己不熟（别人做不下去了图便宜接手），第二，仓促上马（没有任何市场调查和前期准备），第三，胡乱选址（明明城北大兴土木，自己却跑到城南安营扎寨），第四，好大喜功，一干就是批发（不愿干零售，原因是本小利微，何时才能买车买房？）……更何况刚刚经历失败，所谓人在倒霉时，喝凉水都会塞牙。同样的生意，别人眼看着都在赚钱，唯独她无利可图。苦苦坚持了8个月，不得不转手撤场。离开时，随身只带走了那一盒证明"何总"身份的名片。

涂料生意的失败让她开始真正静下心来反省自身。她痛苦地发现，其实自己对商业与市场的理解竟是如此肤浅！没有雄厚的资金，不懂管理，项目选择盲目，甚至连基本的财务知识也少得可怜，有的只是一腔热情和那些靠吃饭喝酒唱卡拉OK建立起来的"关系"。那时她真是非常惶恐，这等于是彻底否定了自己。现在回过头去看，其实这也是创业者经常会遇到的问题，当理想主义的激情被现实的残酷粉碎之后，往往会怀疑、否定自己的一切。也许这种怀疑和否定是必要的，但很多人却因此一蹶不振。幸运的是，她坚持了下来。当意识到自己还需要在创业方面狠狠补上一课时，她作出了一个让很多

---

* 创业人物：何某某，女，南充职业技术学院建筑设计专业毕业。

朋友大跌眼镜的决定：回到企业去打工。

凭着她的经历，很容易就找到一家大型的建材公司，老板让她去跑销售。由于事事留心，她很快熟悉了公司的管理流程，包括如何用市场的方式与客户打交道、如何奖励员工、如何节约运营成本等。尽管承受了很大的压力，诸如面子问题，但她的心却踏实下来，信心似乎又慢慢地恢复过来。

就这样在建材公司干了一年，机会又在眼前晃动。一位朋友来找她，说有一个建筑工程准备分包，问她有没有兴趣。她作了一个初步的测算，如果分包这部分工程（主要是土石方处理），投入不大，工期只有几个月，扣除各种开支，还有15万左右可赚。时间短，不费力，而且一赚就是15万！于是她再次辞职出来，雄心勃勃地当上了包工头。虽然她学建筑设计专业出身，但是搞建筑承包方面她是外行，既没有设备也没有人手，她找到一家施工队合作，自己出项目，对方出人和设备，双方按相应比例分成。

土石方处理工程很简单，他们两个多月就完成了工程。按照事先签订的协议，要等整个建筑工程结束之后再付款给他们。此前她做过考察，投资方是本地一家有名的房地产商，实力和信誉都不错，应该不会拖欠工程款。然而人算不如天算，原本8个月完工的工程由于各种原因最后竟拖了3年，工程款不仅不能按时结算，合作伙伴还时常上门逼债！为了还债，她变得一无所有。如果说第一次创业让她认识到经商并不是想象中的那么容易的话，这一次她是彻底感受到了商海的风险。像她这种靠关系和"脑袋"吃饭的人，没有自己的长处，没有一步一步的积累，就谈不上什么抗风险能力，一个浪头打来，什么都会失去。她开始悟到，要想真正成功，必须找到一个自己能做而且做得好的方向，也就是说要找到自己的核心竞争力。但是，中国搞市场经济近十年了，她能想到的别人也早想到了，到哪里去寻找这样的项目呢？

那年的冬天，在经济的穷困潦倒和精神的苦闷彷徨中，她想到了逃避——逃避城市竞争的残酷，逃避朋友亲人的眼神。她选择了自助旅游。背上背包，一路走去。从青山到戈壁，从戈壁到草原，从草原到大海……此时正是中国户外运动热潮涌动的时候，单独上路的她显得并不孤独。在青藏高原的雪峰之巅，终于登顶的她激动地发现天地的广阔，同时又真切地感受到了生命的渺小；在那一刻，似乎整个身心得到了彻底的解放，心情豁然开朗，思路渐渐清晰。

几年的创业阅历让她明白了一个道理：过河的人多了，摆渡的就有生意；垦荒的多了，做锹的就有钱赚。于是她就想，如果去搞户外运动，会不会有商机？

带着这个问题她回到南充，开始了有意识的考察。她还通过海外的亲友了解外面的情况。反馈回来的信息让她兴奋不已：在国外，人们会定期到野外去进行各种探险游历活动，并且已经形成比较成熟的市场。而在国内，这一市场刚刚启动，一切还在形成之中。她敏锐地意识到，一个巨大的商机来了。

为了更多地把握这个市场，她频繁地参加各种户外活动，一方面加深自己对户外运动的理解，另一方面也可以交到不少圈内的朋友。户外运动在国外非常普及，在国内却是一种很贵族化的运动，尤其是登山，一套设备动辄上万元。那段时间她所有的钱都花

案例分析

在这方面了,还不够,就向朋友借。当时很多人不理解,认为她是游手好闲、不务正业。但她不管这么多,也来不及解释,因为她相信最终实践会证明一切。于是,在大家置疑甚至鄙弃的目光中,她沿着自己认定的方向,坚定不移地往前走,她相信这一次一定可以取得成功!

她带着策划说服了一位朋友借钱给她,然后在南充创办了"说走就走"走友酒吧。酒吧不大,但她们悉心经营;没有暴利,但她们乐此不疲。不久"说走就走"就成了喜欢户外运动的朋友们聚会的据点,与此同时,利润也在慢慢地增长。10个月后,她还掉债务,盈利五万。但是随着业务的拓展,问题也慢慢出现了,来消费的很多都是朋友,免不了要去敬个酒打个招呼,她酒量也就一般,喝醉的时间特别多,身体渐渐受不了。后来又以比较高的价格转让了酒吧。但是通过酒吧经营所积累的一定的客户资源开始试着自己经营户外用品公司。公司成立后,经过一段时间的运行,状况非常良好。随着知名度在客户的口碑中一天天增加,很多公司主动上门寻求合作。她的业务慢慢拓展为三个方面:一是组织一些大型的户外登山活动,由大公司提供赞助;二是组团外出探险、郊游,公司提供必要的各种服务,收取一定的费用;三是为企业提供野外生存训练,帮助员工培养团队精神,深刻感受企业文化。最后一个项目成为公司的主要利润来源,同时进一步为自己积累了客户资源。

她在创业的同时也十分关注建筑智能技术的发展。后来她觉得BIM技术在南充还是一块空白,于是在2015年7月成立BIM技术工作室,除她本人外其余工作室成员一共5人均为南充职业技术学院应届毕业生。成立初期主要承接建筑设计业务。因为前期工作室全体成员均没有相关设计经验以至于开业半年内基本没有设计业务。但是何小灵等人并没有因此放弃,自费到成都、上海等地学习BIM技术以及创业经验。通过不断的总结以及老师的指导发现按照目前工作室成员的构成情况很难接到设计订单。于是大家一致商定改变经营模式。工作室全体成员主动和南充某景观工程设计有限公司、四川某工程设计有限公司等相对成熟的公司联系,免费为其提供建筑设计服务,即便是这样也因为工作室成员没有相关经验而被各设计公司婉拒。最终几位成员不得不回到学校与土木工程系长期从事建筑设计工作的老师联系。在土木系各专业教师的多方努力帮助下,某景观工程设计有限公司终于答应让工作室几名成员给公司首席设计师当绘图员,并给予适当报酬。在担任绘图员期间,同学们努力工作积极学习,为公司创造了不少产值。成员们刻苦努力的精神给公司客户留下了良好的印象,加上设计公司专业设计师对成员的技术指导使其在专业上也有了很大的进步。在这样的一个基础上,工作室成员终于承接到了第一单BIM技术业务,随着项目的实施,BIM技术优势得到了体现,同时在南充建筑界引起了很大反响,订单也不断找向工作室。同时何某某以往积累的一些人脉资源也慢慢给她带来了业务。

工作室在自己独立承接业务的同时也积极寻求与其他大公司合作。比如在成都车站扩能改造工程建设中,中铁建工集团西南分公司项目部专门成立BIM技术研究小组,立足工程建设实际需要开展技术攻关,她们就派专人免费去项目部工作,通过大型项目实际操作提升自己公司的实力。截至目前,通过BIM技术与施工现场的结合完成应用点18项,检测碰撞点14 031个,发现图纸问题49处,实现了工期进度和质量优良双丰收。

大型铁路站房各个系统机电设备管线烦琐复杂,工程量大,而建筑物可利用的空间有限,项目部通过构建综合管网三维模型,进行管网综合冲突分析、管件类型衔接研究,修正管线空间布置、替换管件设备,以直观、高效的方式实现综合管线设计的二次优化设计,最大限度节省了空间。

在绿色施工管理方面,技术组根据建筑空间数据建立了三维立体模型,依据模型位置动态安装太阳能道钉,依据点位分析安装自动喷洒系统,消除扬尘以及分析现场消防作业面最经济、最合理的设置消防器材,最大限度地节能、节地、节水、节材。这些工作经历在很大程度上提高了他们公司的核心竞争力,截至2016年年底,BIM技术工作室依托各专业设计公司承接BIM项目18项,实现产值120万。

讨论

1. 何某某在创业的过程中有哪些方面做得好,哪些方面做得不好?
2. 从何某某的创业失败与成功的经历,讨论刚走出校园不久的大学生如何减小创业失败的风险。
3. 何某某的企业在未来的5年内应该怎么样去发展?

案例 3

腾讯是中国最早的互联网即时通信软件开发商,是中国的互联网服务及移动增值服务供应商,并一直致力于即时通信及相关增值业务的服务运营。

1. 盈利模式

腾讯公司盈利模式有互联网增值服务(包括会员服务、社区服务、游戏娱乐服务)、移动及通信增值服务(包括移动聊天、语音聊天、短信铃声等)和网络广告。

移动及通信增值服务内容具体包括移动聊天、移动游戏、移动语音聊天、手机图片铃声下载等。当用户下载或订阅短信、彩信等产品时,通过电信运营商的平台付费,电信运营商收到费用之后再与SP分成结算。

移动QQ聊天是腾讯真正走向盈利的第一步,是即时通信业务平台的一次拓展。通过网络注册的QQ号码与手机号码的绑定,手机成了移动的QQ,可以随时接收线上好友的信息,从原来单纯的"PC对PC"聊天模式发展到"PC对手机"及"手机对PC"的互动模式,短信业务量大增。

公司另一部分收入就是来自网络广告部分,主要是通过在即时通信的客户端软件(登入FLASH、即时通信视窗和系统信息)及在qq.com的门户网站的广告栏内提供网络广告盈利。

除此之外,QQ卡通品牌的外包也是腾讯的一个特殊收入来源。1999年腾讯与原本做生产、销售服饰、礼品和玩具的广州东利行合作,依靠东利行固有的渠道和制造优势,结合QQ品牌优势,推出了QQ品牌专卖店,这成为我国互联网文化在线下

> 案例分析

的一种创新发展模式。除了QQ卡通玩具、服饰之外,腾讯还推出了独立的衍生品牌"Q-GEN",放大QQ的品牌外延,纵深发展服装业。腾讯不但可以扩大自己的品牌影响力,而且还可以分享10%以上的代理费分成。

2. 成功因素

腾讯公司的成功因素包括以下几方面:

首先,准确的心理和情感定位。QQ的匿名性为人们广交朋友和倾吐心声提供了空间,许多人在聊天中得到了心灵的慰藉。另外,有时熟人和朋友间的面谈很不方便,QQ帮助人们实现了远距离的快速沟通。

传统意义上的网络通信(如电话、手机)收费过高,不宜长久通话。而使用即时通信软件交流则费用低廉,只要网络在线,聊天就不用考虑电话费的问题。QQ使用简单,稍识文字的人就可以登录聊天。如果具备话筒、摄像头等设备,还可以进行语音和视频的聊天,人们远在天涯如同近在咫尺。

其次,准确的市场分析和使用者定位。《中国互联网终发展状况统计报告》显示,中国网民中,年龄在35岁以下的占79.6%,学生网民占30%。由此可见,年轻人和学生是网民中的主力军,他们自然也就成了QQ的主要用户群。

QQ把目标客户群锁定在中国这部分最具消费潜力的年轻人身上。年轻人思维活跃、观念超前并引领时尚潮流,不仅喜欢聊天而且喜欢玩。新奇的网络世界给年轻网民困顿的心灵带来一个释放的空间,他们能自由发泄内心的情感和思想。

最后,多种功能兼容于一身,用户操作自由随意。QQ有强大的聊天功能。有彩色头像、自定义表情、多种聊天场景选择等功能;号码查找,好友加入,聊天或留言,沟通方便快捷;逐渐增加"在线""离开""隐身""离线""忙碌""静音"等多种状态,用户可以在状态间自由切换,更加体贴和人性化。

> 思考

1. 腾讯公司创业之初遇到了哪些困难?
2. 假设你作为目前腾讯公司的首席执行官,会采取哪些措施进一步发展公司?
3. 上网收集目前腾讯公司的现状预计明年公司的收入状况。

案例4*

冯天伦,男,南充职业技术学院2008级工程造价专业毕业生。2015年3月创立天伦BIM技术工作室,工作室成员6人。除冯天伦是往届毕业生外其余学生均为应届毕业生。冯天伦在工作室创立之前在南充某设计公司从事建筑设计工作,完成了大约15万平

---
* 创业人物:冯天伦

方米的建筑施工图设计,具备一定的工程经验。工作室创立初期在天来酒店租用了专业写字楼作为办公地点,初步计划利用冯天伦原来在设计公司的一些社会资源开展业务。但是事与愿违,工作室成立前半年没有任何业务。前期筹备的创业资金也基本用完,成员们的生活费曾一度成为一个难题。经过大家分析研究,考虑到实际情况成员们每人再筹备资金1万元租用一大型小区的一楼的大户型住宅作为办公地点。通过简单装修分隔前面部分办公,后面部分作为生活用房节约了工作室的基本开支。为了保证同学们的基本生活开支,大家根据自身特点开始为小区几名中小学生提供家教服务。后来因为家教质量较好,很多家长愿意把孩子交给他们辅导。工作室的办公部分就成了他们辅导学生的场地。与此同时,他们开始利用BIM模型技术在中学数学、物理教学方面制作一些动画演示案例,让学生在学习这些科目的时候学得更轻松,更有兴趣。通过这样的一些措施,工作室的收益基本能够满足大家的基本生活开支,使大家不再为"吃饭"发愁。全体成员晚上和周末在家辅导学生,平时都到各建筑公司、房产公司、设计公司发展业务。由于大家不断的努力终于承接了一些BIM技术服务业务,随着项目的实施,BIM技术优势得到了体现,同时在南充建筑界引起了很大反响,订单也不断找向工作室。部分工程客户看了他们的家教方式后还特意把亲戚朋友的孩子送来参加他们的家教辅导,进一步增加了他们的收入。截至2017年年初,以冯天伦为核心成员的BIM技术工作室承接BIM项目20项,实现产值128.36万元,辅导学生30人,实现产值20万。

思考

1. BIM全产业链的应用有哪些?
2. BIM技术对个人职业方向的影响有哪些?
3. 如何通过BIM技术,实现过程控制的标准化?

案例5 开网店

一本书勾起开网店的念头

2007年,王某从大学毕业后,经过应聘成了一家合资公司的文秘,月收入2 000多元。工作了几个月后,她开始觉得自己并不适合这份工作。当时,朱德庸"涩女郎"的潮流在许多年轻人的心中涌动,一个崭新的名词"拍女郎"成为众多网友们茶余饭后谈论的热点。"拍女郎"专指那些与QQ一起成长,后又在拍拍网上开店创业的年轻女性。这部分女性大多是"80后",她们受过高等教育,年轻、时尚、追求自由自在的生活,敢闯敢拼,她们活跃在拍拍网上,潜心经营自己的店铺,为自己的事业不懈努力。这时候的王某,也对此着了迷,如果自己开家小店会怎样呢?王某想,自己本身就对女孩子穿衣打扮很在行,如果自己开家店,一方面可以将自己擅长的一面发挥出来;另一方面在网上开店没有实体店那么大的风险,况且投入也不大,应该可以尝试一下。如今,在网上购物的人越来越多,而且自己的眼光也不错,相信这个行业的前景一定不错。

> 案例分析

经过近半个月的思考，王某下定了决心，"我要辞掉工作，自己开网店。如果商品太大众化，肯定不会吸引更多的消费者。店铺的商品价格必须得让消费者接受，而且款式要独特新颖，才能满足现代人喜欢与众不同的个性。"经过一番市场调查，王志凤最后把目标锁定在了"哈韩服装"。目标确定了，2007年12月，王志凤开始了她的淘宝创业梦。她每月要去北京、广州等地进货一次，开店一个月后，她与韩国某品牌联系做代理，专门经营韩国进口服饰、鞋帽、化妆品等。

生意冷淡找原因

当时，王某手里只有工作几个月攒下来的5 000元钱，根本不够进货，最后还是她的父母给了她经济上的支持。但王某没有白白接受父母的资助，她和父母"达成协议"，一年内力争把钱还给父母。有了启动资金，在朋友的帮助下，王某前往北京韩国服饰批发店进了3万元的衣服，回来后将这些服饰拍照上传到了网店。小店刚开张的时候，生意很冷淡，有时一连几天都无人问津，半个月下来，仅仅赚了几百元。但是她并没有气馁，而是渐渐地意识到，开网店与买家沟通的桥梁就是文字，王某查看了很多对卖家的评价，很多"中评"都是因卖家回复太慢，感觉态度冷淡无法理解等，从而影响了生意。另外，通过自己淘宝购物的经验，上传商品的图片效果也很影响购买兴趣，于是，她开始全面补习多方面的知识，如练习打字速度，学习摄影的基本功等。

改进服务赢得买家

又经过一个多月的积累，王某终于对网店经营有了进一步的认识，小店也开始慢慢走上正轨。这时候，她发现，消费者在购买完商品后最关心两件事，一是发货是否迅速；二是商品的质量和外观是否与在网上所看到和感觉到的一致。

摸清了消费者的这些心理，她开始有针对性地改进自己的网店。比如，通过合理安排商品的上架时间和巧妙地利用推荐位，使得大多数时候都能有一些商品出现在搜索结果的第1、2、3页。此外还要密切参考竞争者的定价，以便使自己网店的商品价格更具竞争力。对于图片来说，特别是在搜索结果中出现的图片，尽量挑选最吸引眼球的。对于商品，她总是如实地告诉买家商品本身的质地、颜色和手感。如果图片与实物有差异，也会如实告知，绝对不会有丝毫掩饰，宁可自己承担损失也不会让买家感到不满意。

让王某印象最深的一次交易是在2008年年初，"一个浙江的女孩买了一双韩国产的120元布鞋，收到鞋后稍微大了一点，但那个女孩没有要求调换。我看到了她的留言后就和那个女孩联系，愿意为她换双合适的鞋，运费由我来出，这笔交易我赔了5元。但从那以后我也拥有一个忠实的客人，那个女孩还介绍了很多朋友来我店里买东西，每次上新货，她们也会先买上几件。"

这一年多以来，王某交易过的买家，对她的网店都很满意，交易评价都是好评，好评率达到了100%。这样高的满意率，跟王某的努力是分不开的。如今，她几乎每天都要忙到半夜12点多，早上7点起床后就要接单、打包、发货、进货和处理客服问题，几乎把全部的时间都用到了网店上。开业4个多月后，网店月收入基本上达到了8 000～10 000元。

网店经营一年半收入近20万元

"经过一段时间摸索和学习，我的网店拥有了一批固定的客源，同时和来自五湖四海的买家们也成了朋友，聊天中，她们就问我为什么不将自己店的商品再扩充一下，现在很多服饰都可以通过代购的方式经营，省去了上货的成本。"听了买家的建议，她开始上网咨询有经验的专做韩国服装代购的卖家，沟通几天后她看中两家韩国网站的商品，除有韩国正品进口外，还有韩国本土品牌的专卖，并为代购商提供商品照片，省去上货的环节，从而节省了时间。

经过对整个网页的重新布置和装饰，2008年5月，全新的韩国进口网店呈现在了买家面前。商品多、价合理、信誉高，这使王某的网店点击率不断攀升。"创业之初没想过自己的网店可以有现在的成绩，这与买家朋友们的合理建议和自己的辛苦付出是分不开的。"现在，王某的网店月收入达到15 000元左右，这在鞍山的网店中算是很突出的。

王某一直很喜欢一句话就是："做生意要先做人"。只要尽心尽力地做好每一个细节，热情周到地把每一位顾客当成朋友一样的对待，多为他们着想，客人一定会把你当朋友一样对待，有需要你的产品的时候一定也会优先考虑你。

思考

1. 网店经营初期会有哪些风险？
2. 网络卖书和实体店卖书相比较有什么样的优势和劣势？

案例6　90后小伙回乡网上卖马蹄

刘某出生于1991年，2013年大学毕业后在沿海一家大型企业做电商工作。2014年7月，父亲在家里注册开办了公司，主要从事马蹄种植和深加工，年轻的刘某想跟父亲一起干出一番事业，毅然放弃外面薪水不错的工作，回到三江镇和父亲一起创业。

由于自家种植马蹄的时间不长，没有客户，只能依赖别人介绍，种植的400亩*马蹄销路并不好。刚回到家乡，如何打开销路成为刘伟伟最"头疼"的问题。"我平时喜欢玩电脑，就到一些网站、贴吧上去发我们公司产品的信息，半个月不到，果真有一个广州客户主动联系我，一下子就要了30万元的马蹄。"尝到第一笔网络销售单的甜头，刘某便将更多的心思花在了网络营销上，不仅创建了公司的官网网页，还时常在贴吧发布公司简介以及联系方式。

"如今，客户遍及全国各地，借助网络销售，公司的利润也有了很大提高，去年全年的销售额达200万元，利润率近20%，达到40万元。"刘某说。

电商为三江镇传统产业插上腾飞翅膀

在利用电商开辟了产品销路、提高了产品知名度的同时，电商也在倒逼着乡村企业不断改进生产技术、提升产品质量。刘伟伟介绍，今年9月，企业的深加工厂房将建成投入使用，主要生产马蹄糕、清水马蹄罐头、罐头马蹄片、速冻马蹄丁、速冻马蹄片等

*1 亩 = 666.67 m^2

案例分析

产品，同时，也将重点开拓企业的电商渠道，通过淘宝、微信等渠道销售深加工产品，打响三江马蹄的品牌。

而在三江镇，除刘某外，还有很多的村民利用电商为传统产业插上腾飞的翅膀。三江酱菜制品厂是镇上的老牌企业，但产品的销路一直不温不火，直到2008年，企业的销售额也只有80万元。近几年，酱菜厂开始利用电子商务销售产品，当地长期在厂里进货的淘宝网店主也有十多家，江西最大的绿滋肴特产超市也是厂里的大客户，2014年企业的销售额增加到200多万元。

南昌县去年电商交易总额达 60 亿元

在企业以及个人都认识到电商多带来的发展契机的同时，南昌县也加大服务对接力度，重点培育电子商务新兴战略性产业，引导企业通过自建网站、加入第三方销售平台等方式，做活"吆喝"经济，促进企业转型升级，提升市场竞争力。

据统计，2014年南昌县全县电子商务总交易额达60亿元，是上一年的7.5倍。而在南昌县2015年政府工作报告中，南昌县也强调将创新发展新兴业态，大力引进电子商务龙头示范企业。

案例分析

1. 分析腾讯公司的案例，思考BIM的创业方向。

2. 某建筑规划设计院有限公司，建筑设计甲级资质，每年完成各项工程设计约100万平方米，公司员工15人，其中，建筑设计师2人，结构设计师4人，职业经理人1人，给水排水工程师2人，电气设计师2人，文员1人，市场业务人员3人。办公场所为专业写字楼200平方米，打印机、计算机等办公设备齐全。公司计划安排专人组织团队与某职业技术学院土木工程系就BIM相关业务及建筑设计其他业务广泛深入地开展校企合作。请本着互惠互利的原则，讨论分析上述两家单位如何利用自身的优势开展合作取得良好的社会效益和经济效益，并进行详细的投资预算。

3. 南充某景观工程设计有限公司，公司员工5人，专职建筑设计师2人，兼职设计师3人，目前无固定办公场所。南充多家企业愿意为其提供办公场所，邀请某景观工程公司成员为其提供技术服务，但是公司因为人手太少不便去相关企业办公。公司面临的困境是：如果扩招员工，因为各项应收资金不能及时到账，必然加大公司固定支出，增加财务负担；不扩招员工又不能满足公司发展的需要。目前公司计划与中山某家装一体化企业（公司尚未确定，进货启动资金约需要10万元，因为材料品种太多，后期不便囤货，可以根据工程设计预算材料专项定做）、某工程众包平台（共享经济下的建筑工程行业项目发包、接包、悬赏、雇佣、合作的技术服务平台）以及某职业技术学院土木与建筑工程系合作开展业务合作。主要开展建筑设计、效果图设计、装修设计以及整装材料销售施工相关业务，BIM技术的应用能给企业和学院提高市场竞争力。请本着互惠互利的原则，讨论分析上述三家单位如何利用自身的优势开展合作取得良好的社会效益和经济效益，并进行详细的投资预算。

附录　互联网+BIM创业实务学习指南

一、课程简介

根据建筑类专业人才培养方案的总体设计思想,《互联网+BIM创业实务》从培养学生创业与创新能力出发,帮助学生分析和把握建筑行业创业机会,引导学生把创业意向转变为创业实践,并以网上创业为例,通过网站的建立、网上创业的推广及网上创业的管理等教学环节,提高学生网上创业的运营与管理能力、网络营销能力、信息处理与团队合作等能力,全面提高学生创业实践能力。

通过分析BIM创业所需要的知识、技能和素质,按照创业流程将课程设置为八个学习单元。本课程充分借助第三方创业平台,将企业的资源为我所用。尝试采用项目教学、头脑风暴、案例教学、角色扮演等教学方法,教学效果良好。

二、学习目标

(一)知识目标

1. 分析目前市场对建筑行业的需求,了解BIM技术在建筑市场中的重要性。
2. 了解互联网业务带来的商机,运用互联网承接业务和拓展业务。
3. 了解公司组建流程,熟悉公司业务拓展、业务管理、员工管理、合同管理等知识。

(二)技能目标

1. 掌握互联网的运营手段。
2. 掌握BIM建模业务的运营范围。
3. 利用BIM技术进行工程设计、造价、建造、运营管理。

(三)素质目标

1. 树立创新创业意识,善于应用创新思维进行创新实践活动。
2. 具有团队精神,善于与人共处。
3. 具有吃苦耐劳精神,对创业有执着感。
4. 具有社会责任感,能正确对待成功与失败。
5. 善于分析问题,能够创造性地解决问题。

三、学习内容及学时分配

学习内容及学时分配见下表。

序号	单元		主要内容	学习要求	重点、难点	学时分配
1	绪论	理论与实践教学	1. 分析目前市场对建筑行业的需求；2. BIM 技术的应用对建筑市场的冲击	通过绪论的学习，了解 BIM 技术在建筑市场举足轻重的地位，强化学生学习的兴趣	重点：了解 BIM 技术在建筑市场中的重要性	4
2	互联网 +BIM 技术创新创业工作室的前期筹办工作	理论与实践教学	1. 工作室如何选址；2. 工作室如何选择装修风格；3. 工作室广告的营销策划	1. 掌握工作室的选址特点；2. 掌握工作室的装修风格的定位；3. 掌握工作室的广告策划	重点：1. 选址应掌握的5个要素；2. 装修风格如何定位。难点：1. 灵活掌握选址地段与周围环境的关系；2. 装修色调、设备以及配饰的选择；3. 体现广告的针对性和独特性	6
		情景教学模拟	实验项目设计：1. 工作室装修；2. 学生为自己的工作室拟定广告策略	1. 将学生每5人分为一组，通过讨论的形式，综合市场因素，拟定工作室的选址以及确定装修风格，组与组之间进行方案讲解，优化方案；2. 延续上一次的人员分组，结合工作室的选址和装修风格制订相应的广告策划，组与组之间进行方案展示，再各自优化		
3	互联网 +BIM 技术创新创业工作室业务开展	理论与实践教学	1. 互联网业务带来的商机；2. 工作室开展 BIM 咨询业务；3. 工作室开展 BIM 建模业务；4. 工作室开展 BIM 培训业务	1. 掌握互联网的运营手段；2. 咨询业务的开展思维；3. 掌握建模业务的运营范围；4. 掌握培训业务的指导范围	重点：1. 互联网的运营手段；2. BIM 咨询业务的开展思维。难点：1. 如何运用互联网承接业务和拓展业务；2. 咨询业务、建模业务、培训业务如何确定营业范围，如何实现盈利	10
		情景教学模拟	实验项目设计：1. 咨询业务模拟；2. 建模业务模拟；3. 培训业务模拟	学生分组扮演甲方和乙方，然后互换角色，进行岗位情景模拟。		
4	组建公司流程概论	理论与实践教学	1. 树立以目标为中心的企业文化；2. 组建职能部门；3. 提高各职能部门的反应速度	掌握公司的各个组成部分，以及公司运作模式	重点：掌握组成公司的各职能部门以及主要的工作范围。难点：提高公司的营运效能	6
		情景教学模拟	拟定一份组建公司的计划书	先以小组为单位编写计划书，然后小组之间进行方案比较，最后自行完善方案		
5	员工招聘、培训流程与考核	理论与实践教学	1. 科学招聘员工；2. 组织员工培训；3. 建立员工绩效；4. 建立按劳取酬的薪资制度	1. 掌握如何启动招聘程序；2. 掌握员工培训的内容；3. 掌握绩效的建立；4. 掌握薪资制度的建立标准	重点：1. 员工招聘程序；2. 绩效的建立。难点：1. 确定员工培训的内容；2. 薪资制度的建立标准	6
		情景教学模拟	员工招聘情景模拟	模拟招聘现场，学生分饰两个角色，通过情景模拟提交招聘计划书		

续表

序号	单元		主要内容	学习要求	重点、难点	学时分配
6	客户探索与客户培养	理论与实践教学	1. 客户探索的理念与流程； 2. 客户的培养	培训如何同客户交际，寻找潜在的客户源，建立长期良好的合作关系	重点：理论的掌握。 难点：实战中随机应变的能力的锻炼	4
		情景教学模拟	模拟员工与客户业务谈判	模拟公司员工与客户交流，培训学生与人沟通的能力		
7	合同签约技巧	理论与实践教学	1. 把握签约的最佳时机； 2. 合同条款与结构； 3. 严防合同漏洞； 4. 谨防合同陷阱	学生学习掌握相关的合同法，避开合同的雷区	重点：学习掌握相关的合同法。 难点：灵活运用合同法，掌握签约技巧	6
		情景教学模拟	合同谈判现场模拟	学生分饰甲方和乙方针对合同细节进行讨论		
8	案例分析	理论与实践教学	教师主导案例分析	以我系成立的"互联网+BIM 技术创新创业工作室"的建立建设为例	重点：理论知识与实践应用的综合分析能力。 难点：评价方法的运用	6
		情景教学模拟	学生主导案例分析	运用所学自主分析案例		
总学时						48

四、学习方法

本课程在学习上采用课堂学习与自主学习相结合的方法，学生通过课堂教师讲解，掌握"互联网+BIM"创业所需基础知识，然后在教师的引导下完成实践操作部分。有余力的学生还可选择一些具体的 BIM 项目，在教师的指导下进行创业尝试。

五、考核与评价办法

考核采用综合评分方式，具体评分项目如下：

考核成绩 = 过程性考核（30%）+ 期末考核（70%）

过程性考核（30%）= 考勤成绩（10%）+ 课堂情景模拟考核（10%）+ 作业考核（10%）

期末考核（70%）= 理论考核（30%）+ 创业实践结果性考核（40%）

参 考 文 献

[1] 中国法制出版社. 中华人民共和国合同法［M］. 北京：中国法制出版社，2015.
[2] WEMADE. 最新办公空间设计/新设计丛书［M］. 丁继军，魏小娟，范明懿，译. 北京：中国水利水电出版社，2012.
[3] 林义中. 商业地产. 办公楼篇［M］. 北京：中国书籍出版社，2013.
[4] 周旻，等. HR应当知道的劳动法［M］. 北京：法律出版社，2017.
[5] 徐勇戈，孔凡楼，高志坚. BIM概论［M］. 西安：西安交通大学出版社，2016.
[6] 李慧. 探寻客户需求［M］. 广州：广东人民出版社，2010.